JN023369

FOR FINANCIAL WELL-BEING

安心ミライへの「金融教育」

ガイドブックQ&A

「生きる力」を育む「金融リテラシー」の基本

スタンダード版

三井住友トラスト・資産のミライ研究所［編著］

一般社団法人 金融財政事情研究会

はしがき

　昨今、金融教育が非常に注目されてきています。

　日本銀行が事務局を務める金融広報中央委員会の金融リテラシー調査では、「金融経済教育を受けた」と認識している人は全体の7%に留まっています。一方で、「金融経済教育を行うべき」との回答は70%超と、国民の金融教育に対する期待は非常に大きいことが指摘されています。

　これまで、政府、日本銀行、各業界団体などが、学校や社会人向けに金融経済教育を実施してきましたが、学校や職場において金融経済教育を受ける機会は限定的でした。そこで、「新しい資本主義」を掲げる岸田内閣は、2022年6月に閣議決定された「新しい資本主義のグランドデザイン及び実行計画」において、日本にとって重要となる4本柱を「人への投資」「科学技術・イノベーションへの投資」「スタートアップへの投資」「GXおよびDXへの投資」とし、「人への投資」の具体的な取組みとして2022年11月に「資産所得倍増プラン」を公表しました。

　この中では、豊かで幸せな生活を築く上で金融経済教育が非常に重要との認識のもと、官民一体で金融経済教育を実施していく中立的な推進組織を新たに設立し、広く国民に金融経済教育を訴求するとともに、学校や企業向けの出張授業やシンポジウムの開催などの金融経済教育を全国規模で効率的・効果的に実施することが打ち出されています。

　三井住友信託銀行では、従来、信託協会などを通じた学校・教育機関への金融教育提供や、各地域にある弊社店部より、地域の教育現場への金融教育提供（出張授業、寄付講座の提供など）に取り組んできましたが、足もとで大きな変化がありました。2022年4月からの「成年年齢の引き下げ（20歳から18歳へ）」と、高等学校家庭科などにおける学習指導要領の改訂です。未来の創り手となるために必要な資質・能力を育む「社会に開かれ

た教育課程」の実現という観点から、「金融」を含めた新たな知識がカリキュラムに組み込まれました。2020年頃より、高等学校家庭科教諭の方々から、「2022年の学習指導要領変更に向けて新しい金融教育の準備に取り組みたいが、資産形成や投資の経験が少なく、どう説明していくべきか不安もある」との声が、弊社にも寄せられていました。

　弊社は、「人生100年時代の金融リテラシー」を情報発信、啓蒙していくことが重要と考え、2019年に金融教育の専門機能を併せ持つ調査・研究組織として「三井住友トラスト・資産のミライ研究所（以下、ミライ研）」を立ち上げ、活動してきました。本書は、ミライ研が中心となって、人生100年時代における個人の資産形成の課題や悩みに対し、安心できるミライに向けて、どう考え、どう準備していけばいいのかを、教育の現場の先生方や学生のみなさんに向け、できる限り「自分ごと」として捉えていただけるようにまとめたものです。

　弊社は、現役世代に向けた資産形成商品・サービスの提供や、高齢層世代への資産活用、資産承継のサポートなどの金融サービスの提供を通じて、みなさまのライフイベントに伴走させていただく、「人生100年時代のベストパートナー」でありたいと考えています。高校生向けの金融教育の提供も、学生・社会人といった垣根を設けず、成年年齢引き下げという社会の変化に対する取り組みの1つとして推進しているものです。「価値を理解し、かつ自ら価値を創造することを意識して行動できる次世代の人材」の育成が、長期的に見て社会全体の価値増大に繋がっていくものと信じているからです。

　金融教育についてご関心をお持ちの方々が、金融リテラシーや金融の役割、消費者教育などを理解するために、本書をお選びいただけるのであれば、誠に幸いです。

　2023年3月

三井住友信託銀行株式会社

常務執行役員　前田　大典

Qの末尾に記載がある❶～⓯の番号は、金融庁が示している「最低限身に付けるべき金融リテラシー4分野15項目」に対応しています（詳しくはQ35をご覧ください）。

■ 本書の狙いと利用のしかた

　日本の人口統計において「国勢調査」や「人口動態調査」は、数多くの情報を提供してくれています。過去の調査結果をみると、1891年〜1898年（明治24 〜 31年）の平均寿命は、男性が42.8歳、女性が44.3歳でした（年度に幅があるのは、公表数値が複数年の平均値であるためです）。明治時代の平均寿命は50歳にも満たなかったわけです。明治時代・大正時代は、男性の平均寿命は43歳前後でほとんど変動がありませんでしたが、戦後直後の1947年で50歳、1951年に60歳、1971 年に70歳、2013に80歳と延びてきました。理由は、乳幼児の死亡率の低下、感染症・伝染病などへの医療の進歩、生活環境の改善、などがあげられるでしょう。

　明治時代と比べると、人生はほぼ「倍」の長さになりました。従来、時間が足りず叶わなかった夢や希望に取り組める時間が、「そこにある」時代ともいえます。しかし、反面、「長寿社会」を前にして不安を覚える方が多いことも指摘されています。

　2022年4月から成年年齢が18歳に引き下げられました。これにより、18歳から、自分の意思でさまざまな契約をすることができるようになり、お金に関する判断や、自分の住む場所、進学や就職なども「自分が何をしたいのか」を考え、自分の意思で決定できるようになったわけです。

　こうした社会と人々の意識の変化の中、当「三井住友トラスト・資産のミライ研究所（以下、ミライ研）」では、これからの時代の「お金に関するライフデザイン」について考察していく一助として、本書を刊行いたしました。

これからのみなさんの長い人生に必要な資産としては、「健康」「コミュニティ」「生きがい」「仕事」などたくさんありますが、本書では、その中でも「お金」について考察しています。今後の長い人生における「金融リテラシー」を、従来よりも若いうちに、身に付けていく必要性が高まってきた時代だと考えるからです。

　この本は、特に次のようなことを考えて作成しています。

① 教育の現場において、新しく高校生の教育単元で必修化された「金融教育」に関して、教科書の内容についての背景や歴史などが学べ、先生や学生のみなさんに「個人の家庭生活で必要となること、困ること」を、具体的に腹落ち感をもって理解いただき、また、説明いただける内容でありたい

② 上記①のつもりで読み進めていただくうちに、「資産形成が必要な現役世代」に属する一個人として必要な「金融リテラシー」が修得でき、「資産形成に取り組んでみよう」と思うきっかけになる内容でありたい

　本書の構成と利用につきましては、次の点をご参考にしてください。

• 「金融」「金融リテラシー」という考え方、歴史・仕組みなどに関心のある場合は、「序章」から読み始めていただくことを推奨いたします。

• 家庭科などの教科書における金融教育パートの流れをふまえて、「金融リテラシー」の説明を確認していきたい場合は、「第1章」から読み始めていただいても理解に支障が無いように構成いたしました。

• ≪チャレンジ≫という表示は「解説の中に、高校数学などで学ぶ数式や事柄を織り込んで説明しています」というサインです。「高校での学びが社会で役立つ」ことをお伝えすることを狙いとしています。数式なども含まれており、少し難しく思われる場合は、とばして次にお進みください。

　「お金」についてのご関心をお持ちの方が、「金融リテラシー」、「金融の役割」、「消費者トラブル」などを理解するために、本書をお選びいただけるのであれば、誠に幸いです。

「金融リテラシー」を学ぶ意味とは？
「金融」の役割とは？

Q1 今、「金融リテラシー」を身に付ける意味は何ですか？

A1

■「金融リテラシー」とは「お金とのつきあい方、活用術」

「リテラシー（Literacy）」という言葉を耳にする機会が増えてきています。さまざまな領域においてリテラシーがあるようで、メディア・リテラシー、コンピュータ・リテラシー、情報リテラシー、文化リテラシー、環境リテラシーなど枚挙にいとまがありません。

「リテラシー」のもともとの意味としては「読解力・記述力」という識字能力的な使われ方をしていたようですが、現代では「何らかのかたちで表現されたものを適切に理解・解釈」し、それらを「活用すること」の意味で使われていると思われます。

では、「金融リテラシー」とはどのようなことを指すのでしょうか。一般的には「金融商品やサービスの選択、生活設計などを適切に判断するために、最低限身に付けるべき金融や経済についての知識と判断力」だといわれています。お金は、それ自体が目的というよりも「個々人が個性的な人生を送るための暮らしの道具」と位置付けることができます。道具はその機能と扱い方を知れば、上手に活かすことが可能です。つまり、「金融商品やサービスといった道具を活かすための知識」が、「金融リテラシー」という言葉の本質的な意味だといえます。

たくさんあるリテラシーの中でも、近年、「金融リテラシー」の必要性が高まってきているといわれています。

■ 長寿化で拡がる「人生の可能性」と「必要となる備え」

金融リテラシーの必要性が高まってきている背景として、日本の長寿化があげられます。

国連人口基金（UNFPA）が発表した2022年版の世界人口白書によると、平均寿命が最も長い国は日本となっています（男女とも1位。ただし複数国あり）。足元の統計データ（厚生労働省「令和2年簡易生命表」）では日本の平均寿命は男性81.6歳、女性が87.7歳であり、現状は「人生85年時代」というところですが、「人生100年時代」に向かって進んでいる、世界のトップランナーであることは間違いありません【図表1-1】。

では、人生85年時代から100年時代へと移行していく中で、個人にとってどのような変化が生じてくるのでしょうか。

図表1-1　日本の長寿化

日本人の平均寿命

	1970年	2020年	2060年（予想）
男性	69.3歳	81.6歳	約85歳
女性	74.7歳	87.7歳	約91歳

（出所）1970年：厚生労働省「完全生命表」、2020年：厚生労働省「簡易生命表」、2060年：国立社会保障・人口問題研究所「日本の将来推計人口（平成29年推計）」の出生中位・死亡中位仮定による推計結果

ポイントは、長寿化によって拡がる「人生の可能性」です。今から半世紀前（1970年）の日本の平均寿命は男性が69.3歳、女性が74.7歳でした。当時の定年年齢はおおよそ55歳でしたので、リタイア後の老後生活期間は、男性の場合、平均で15年弱でした。公的年金の支給開始年齢も

60歳からでしたので、「55歳でリタイア、5年は自助で生活、60歳から約10年、国の年金で生活」といったライフプラン（人生設計）だったと想定されます。現在では、長寿化の進展によって、「60～65歳でリタイア、65歳から国の年金支給開始を前提に20年弱の老後生活期間に備える」イメージに変わりつつあります。また、今後の長寿化によって老後生活期間が延びていくことが予想されます。

　長くなった人生において、これまで以上に「挑戦したいこと」「続けたいこと」「実現したいこと」の選択肢が増え、可能性が拡がると思われます。一方、人生100年の間に「どんなことをしたいのか」「誰と一緒にしたいのか」「その実現のためにどうすればよいのか」の主体は自分自身ですので、「自分はどうしたいのか、どうありたいのか」を考え、実行していくことが、より一層重要になってきたといえそうです。現在の生活の充実とともに、10年後、20年後、そしてもう少し長めの視点を持って、仕事・家庭・自分などを含めた人生設計を考えていくことが大切になってくるでしょう。

　また、「人生100年時代」の社会にあっては、従来、人生で「1回程度」と考えていたライフイベントを複数回経験することや、想定しない時期にイベントが出現することも想定されます。ライフイベントには「お金・予算」の準備が必要なものが、かなりあります。それぞれのイベントを自分が思い描いたものに近づけていくために「お金について向き合って考えてみる」、これが「金融リテラシー」の必要性が高まっている背景と考えられます。

　2022年4月から日本の民法で定める成年年齢が18歳に変わりました。これにより、18歳から、父母の親権から離れて、自分の意思で契約をすることができるようになりました。お金に関する判断や、自分の住む場所、進学や就職なども「自分が何をしたいのか」を考え、自分の意思で決定できるようになります。こういった観点で、「金融リテラシー」を、従来よりも若いうちから、身に付けていく必要性が高まってきたといえるでしょう。

Q2 「経済」の中で「金融」が担っている 伝統的な役割や基本的な機能とは？

A2

■「金融」の役割は「経済」とともに

「金融」という言葉から連想するイメージとしては、「預金」「キャッシュカード」「給与振込み」「株式」「ATM」「住宅ローン」「生命保険」「自動車保険」など、世代やお住まいの地域によっても、さまざまだと思われます。こういった身近に利用している商品・サービスなども含めて、経済活動の中における「金融」の基本的な役割について大きく括ってみると、「資金決済機能」と「金融仲介機能」が伝統的な機能です。

①「資金決済機能」

「資金決済機能」は、金融機関の中でも主として銀行が提供している機能で、お金を支払う人と受け取る人の間に立って、資金の受け渡しを円滑に行うサービスです。具体的には、振込みや公共料金の口座振替、クレジットカード利用代金の自動引き落としなどで、現金を確認したり運んだりする手間を省き、逸失リスクを回避する利便性を提供しています。

相手が海外の居住者の場合は、異なる通貨間の両替機能も合わせて、決済機能を提供しています。為替手形や小切手、郵便為替、銀行振込みなど、現金以外でのお金のやりとりを行う（決済）する方法を「為替」と総称しますが、これらは伝統的な「キャッシュレス決済」の方法といえます。

こういった金融の資金決済機能についての歴史をみてみると、中世13世紀の北イタリアの都市において、両替に伴う貨幣運搬の危険性を避けるために「公証人」を間に立てて、支払いを取り決めた「公正証書」を作成させたのが始まりとされています（レオナルド・ダ・ヴィンチの父、ピエロも

フィレンツェの公証人だったといわれています）。

　さらに、イタリア商人は東方貿易を行い、中国やインドから香辛料や茶・織物などの物資をイタリアへ運び、それをヨーロッパ各地へ流通させる中で大きく商圏を拡大させましたが、取引の道中における現金輸送リスクや両替の煩雑さも同時に高まったことから、そのような（当時の）社会課題へのソリューションとして、「資金決済機能」の原型となる「手形取引」の仕組みを創り提供しました。それを担ったのがメディチ銀行などで有名なバンコ（Banco＝銀行）であり、バンコは商人たちに向けたキャッシュレスサービスを、当時のヨーロッパにおける主要な経済拠点（ロンドン、リヨン、ジュネーブなど）を結ぶ支店ネットワークを活用して提供しました。

　一方で、ヨーロッパ全体を結ぶ商業活動が発達し、規模が拡大し継続的に行われるようになると、イタリア商人やバンコの中から、「家族経営の形態」から仲間を募って共同で出資を行う、いわゆる「パートナーシップ」の原始的な組織であるコンパーニャ（Compania）が登場してきました。これが転じて、のちに会社を意味するカンパニー（Company）になりました。

②「金融仲介機能」

　「金融仲介機能」は、「資金に余裕のある人・企業など」から「資金の必要な人・企業など」に対してお金を融通する仕組みです。銀行を例にあげると、個人や企業から預かった資金を、設備投資したい企業に貸し出したり、住宅を購入したい個人に貸し出したりします。銀行などの金融機関が仲立ちをして、資金の流れに関しての交通整理を行う機能といえます。

　金融機関は集めたお金のすべてを貸し出してしまうわけではありません。なぜなら、お金を預けた人が「預けたお金を引き出したい」といえば当然、お金を返さなくてはなりません。ですから、預かったお金の一部を「支払準備金」として手元に残したうえで、残りのお金を貸出に回します。これを連鎖的に繰り返していくことで、流通する通貨が新しく生み出

されていきます。この仕組みを「信用創造」といいます【図表2-1】。

図表2-1　信用創造の仕組み

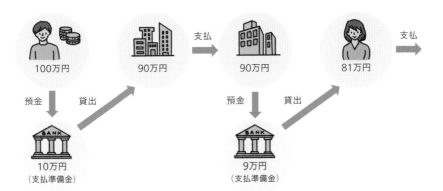

銀行が、「預金の受入れ→支払準備金の確保→貸出」を繰り返すことで、
当初受け入れた預金額の何倍もの通貨の流通が生み出される

（出所）三井住友トラスト・資産のミライ研究所

コラム1　「金融仲介機能」の担い手について──金融機関の形態

　Q2の中で、「世の中のお金」を「流通させる」役割を担うのが「金融仲介機能」だと説明していますが、では、その「担い手」である「金融機関」には、どんな形態があるのでしょうか？

　金融仲介機能とは、【図表コラム1-1】の左側に位置する「資金の出し手」から、右側に位置する「資金の受取り手」へとお金を融通することです。その中に位置する金融機関の役割は、資金の出し手と資金の受け取り手の間に入り、金融商品や金融サービスを通じてお金の橋渡しをすることといえます。

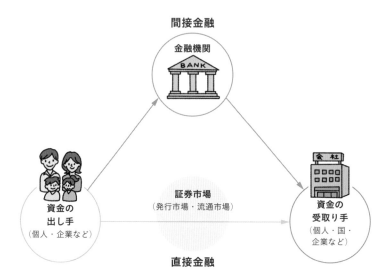

図表コラム1-1　お金の橋渡し（間接金融と直接金融）

間接金融

金融機関

BANK

資金の
出し手
（個人・企業など）

証券市場
（発行市場・流通市場）

資金の
受取り手
（個人・国・
企業など）

直接金融

（出所）三井住友トラスト・資産のミライ研究所作成

　その橋渡しの方法には、大きく分けて2種類、「間接金融」と「直接金融」という方法があります。

　間接金融と直接金融の主な違いですが、間接金融は、「資金の出し手」と「資金受取り手」の間に銀行などが仲立ちして、預金などの形で出し手から資金を集め、それを「集めた機関の責任で」受取り手へ貸し出す仕組みです。もし、貸し出したお金が返ってこない場合は、金融機関が損害を被ります。

　直接金融は、資金の出し手から受取り手へ、直接、お金を供給する仕組みで、お金が返ってこない場合は、資金の出し手が損害を被ります。

　また、資金の行き先について、間接金融では、資金の出し手のお金が、どの受取り手に提供されたかはわかりませんが、直接金融では、どの受取り手に提供されたかが明確です。

間接金融を行う金融機関としては、「預貯金を取り扱うメガバンク・信託銀行・地域金融機関など」や「預貯金を取り扱わない保険会社・ノンバンクなど」があります。

　　直接金融を行う金融機関としては、証券会社や運用会社があります。

コラム2 「信託」はいつから？どうやって広まってきたの？

「信託」のルーツは紀元前

　　「信託」の考え方のルーツは、紀元前までさかのぼります。紀元前に古代エジプト人が記した遺言の中に、すでに信託の考え方のきざしを見ることができます。

　　「信託」の制度の始まりは、中世の英国で利用されていたユース（use）であると一般的にいわれています。英国では当時、自分の死後に教会に土地を寄進する慣習がありましたが、それを法律で禁止されたことに対抗するかたちで生まれたものが、ユースでした。それは「信頼できる人に土地を譲渡し、そこから得た収益を教会に寄進してもらう」というもので、自分または他の人の利益のために、信頼できる人にその財産を譲渡する制度だったのです。ユースは、十字軍の遠征でも、参加した兵士たちの間で、国に残してきた家族のために利用されたといわれています。

　　さらにユースは、時代の変遷を経て、近代的な信託制度へと発展しました。人と人との信頼関係に基づくものであることから、信頼を意味する「トラスト（Trust）」という言葉で呼ばれるようになりました。

英国から米国へ、信託の広がり

　　英国で生まれた信託制度は、その後米国に渡り、はじめは遺言の執行や遺産の管理などを中心に利用されました。

　　さらに、19世紀の初めになると、信託の引受けを組織として行う会

社が現われました。その後、1861年に始まった南北戦争をきっかけに、鉄道建設や鉱山開発などインフラ関係の新しい事業が盛んになり、多額の資金が必要とされました。そこで、これらの事業を行う鉄道会社や鉱山会社の発行する社債を引き受け、広く大衆に販売するかたちで資金を供給したのが、信託会社でした。信託会社が金融機関としての役割も担うようになったのは、このような背景からです。

日本における信託の歴史（信託法と信託業法）

日本ではいつから、どのようなかたちで信託が利用されているのでしょうか。

現在の信託制度は英国で生まれ米国において発展した制度が、明治後半に日本に導入されて出来たものといわれています。

日本の場合、まず最初に、事業会社を対象とする信託制度が導入されました。一方で、個人の財産の管理・運用を専門に取り扱う信託会社として、1906年（明治39年）に東京信託株式会社が設立されました。

1922年（大正11年）「信託法」「信託業法」の制定と日本の信託制度の確立

日本では、1914年（大正3年）に始まった第一次世界大戦をきっかけとして好景気を迎え、信託会社も数多く設立され1921年（大正10年）末には488社を数えるまでになりました。

信託の概念を明確にし、信託制度の健全な発展を図るために、1922年（大正11年）に「信託法」と「信託業法」が制定されました。これにより、日本の信託制度は確立され、本格的な発展期を迎えたのです。

以後、第二次世界大戦の戦時体制の下で、経済に関しても厳しい統制が進められるようになると、信託会社と信託銀行の合併・集約が進み、戦争が終わったときには専業の信託会社は7社となっていました。

戦後の高度成長の中、大きな役割を果たす

戦後、政府およびGHQ（連合国軍最高司令官総司令部）の方針もあり、

1948年（昭和23年）に信託会社は「銀行法」による銀行に転換し、兼営法によって信託業務を兼営する「信託銀行」となりました。戦後の経済復興期に、電力、石炭、鉄鋼などの基幹産業に向けた長期資金の安定供給が必要になったことで、1952年（昭和27年）には「貸付信託法」が制定され、信託銀行による貸付信託の取扱いが始まりました。貸付信託は、戦後の復興期～高度成長期を通じて、産業界への長期資金の供給源として大きな役割を果たす一方、比較的高利の安定した長期の貯蓄手段として、広く国民から受け入れられました。

多様化する信託

こうした中、昭和30年代後半より、信託の仕組みを利用した新しい商品の開発が積極的に行われ、次の信託の取扱いが開始されました。

1962年（昭和37年）　適格退職年金信託
1966年（昭和41年）　厚生年金基金信託
1972年（昭和47年）　財産形成信託
1975年（昭和50年）　特定贈与信託
1977年（昭和52年）　公益信託
1984年（昭和59年）　土地信託

さらに、2001年（平成13年）年4月には資産流動化法の改正により、金融機関や企業の財務体質の改善や資金調達の方法として、貸付債権、売掛債権、不動産を流動化する「資産流動化信託（金銭債権の信託、不動産の信託）」の活用が推進されました。

また、新たな年金制度の整備も進み、2001年（平成13年）からは「確定拠出年金信託」、2002年（平成14年）からは「確定給付企業年金信託」の取扱いが開始されました。

信託業法の改正

金融商品の多様化とともに、信託の仕組みは、経済の活性化や「市場型間接金融」という新たな金融の流れを構築する手助けとして、さまざ

まな場面で重要な役割を果たすことが期待されてきました。

　もともと信託業の担い手は信託兼営金融機関のみでしたが、一般の事業会社にも、「信託のノウハウを利用し、担い手として多様な信託商品の提供を行いたい」「さまざまな信託機能を活用したい」というニーズが高まってきました。

　そこで、2004年（平成16年）12月に「改正信託業法」が施行されました。この法改正によって、知的財産権等を含む財産権一般の受託が可能となるとともに、信託業の担い手が拡大され、金融機関以外の事業会社の参入などが可能になりました。

「社会」「経済」における「金融」の役割とは？

A3

■ 仲介しながらお金を増やす

　コラム1で金融の業態について解説しましたが、金融の役割は「世の中のお金」を資金の出し手と資金の受取り手の間に入って、金融商品や金融サービスを通して「お金の橋渡し」をすることでした。また、この「橋渡し」の効果は、貸出しを受けた個人や企業にとどまるものではなく、お金の流通を何倍にも増やし、景気を刺激することにもつながっており、この仕組みを「信用創造」とお伝えました。

　「信用創造」の仕組みを、【図表3-1】で考えてみます。

　銀行は、預け入れられた預金を全額貸出しに充てるのではなく、預金の払出しに対応するため、一定の金額を手元に残しています（「支払準備金」）。

　例えば、A銀行が100万円の預金を受け入れ、支払準備金として10万円を残し、90万円をA会社に貸し出します。A会社がB会社へ90万円の支払いをし、B会社は90万円をB銀行に預金として預け入れます。B銀行は支払準備金として9万円を残して、残り81万円を貸し出します。これを繰り返していくことで、預金総額は当初受け入れ預金額の何倍となるでしょうか。

《**チャレンジ**》

A銀行がβを支払準備金として、$(1-\beta)$を貸出します。借り入れた企業は、O会社へ支払いをし、O会社はB銀行へ$(1-\beta)$を預金し、B銀行は$(1-\beta)$の預金のうち$\beta(1-\beta)$を支払準備金として、$(1-\beta)^2$を貸出します。借り入れた企業はP会社へ支払いをし、P会社はC銀行へ$(1-\beta)^2$を預金し、C銀行が$(1-$

β)²のうちβ（1−β）²を支払準備金として、（1−β）³を貸出し…

従って、ここでの貸出総額は1+（1−β）+（1−β）²+（1−β）³+…となります。

$$S_n = \sum_{k=1}^{n} R^{k-1}$$

$$= \frac{1-R^n}{1-R}$$

このRを（1−β）、nを∞とすると

$S_\infty = \dfrac{1}{\beta}$ となります（これを、信用乗数と呼びます）。

従って、預金準備率0.1、100万円の預金から
スタートすると、

$100 \times \{1+（1−0.1）+（1−0.1）^2+（1−0.1）^3+…\}$

$= \dfrac{100}{0.1} = 1{,}000$万円となるため

預金総額は当初受け入れ預金額の10倍となります。

図表3-1 「信用創造」の仕組み

〈単位：万円〉

	預　金	支払準備金	貸　出
A 銀行	100	10	90
B 銀行	90	9	81
C 銀行	81	8.1	72.9
⋮	⋮	⋮	⋮
合　計	1,000	100	900

（出所）三井住友トラスト・資産のミライ研究所

　【図表3-1】の例では、預金の1割を支払準備金とし、残りを貸し出すことで、当初受け入れた預金100万円は10倍の1,000万円となります。つまり「信用創造」の結果、当初資金の10倍の資金の流通を生んだことになります。

■「お金の中継地点 (ハブ)」としての「金融」

　このように、「金融」という仕事は、集めたお金を信用創造によって膨らませます。

　膨らませながら、個人や企業、団体、自治体にお金を融通しています。また、製造業、流通業、小売業、ITや商社、エネルギーなど多くの業種に資金を供給しています。いわば、お金が行き交う「ハブ（中継地点）」の役割も果たしています。

　こういった金融の役割が、社会課題に対して役立つことができるように、さまざまな取組みが行われてきています。

第 1 章

ミライをつくる
「ライフプラン」と「マネープラン」

Q4 「成年年齢の18歳への引き下げ」に伴い、知っておくべきことは何ですか？

A4

　民法の改正によって、2022年4月1日から、成年年齢が20歳から18歳に変わりました。

　近年、公職選挙法の選挙権年齢や憲法改正国民投票の投票権年齢を18歳と定めるなど、18歳、19歳の若者にも国政の重要な判断に参加してもらうための政策が進められてきました。こうした中で、市民生活に関する基本法である民法でも、18歳以上を大人として扱うのが適当ではないかという議論がなされ、成年年齢が18歳に引き下げられました。

■ 成年に達すると何が変わる？

　成年に達することで、何が変わるのでしょうか。

　民法が定めている成年年齢は、「一人で契約をすることができる年齢」という意味と、「父母の親権に服さなくなる年齢」という意味があります。成年に達すると、親の同意を得なくても、自分の意思でさまざまな契約ができるようになります。例えば、携帯電話の契約を結ぶ、一人暮らしの部屋を借りる、クレジットカードをつくる、高額な商品を購入したときにローンを組む。こういったケースでは、未成年の場合は親の同意が必要ですが、成年に達すると、親の同意がなくても、契約を自分一人で行うことができます。

　また、親権に服さなくなるため、自分の住む場所、進学や就職の進路なども自分の意思で決定できます。さらに、10年有効のパスポートの取得や、公認会計士、司法書士、行政書士などの資格を取得することもできます。また、女性が結婚できる最低年齢は16歳から18歳に引き上げとな

り、結婚できるのは男女ともに18歳以上となりました。

　一方、成年年齢が18歳になっても、飲酒や喫煙、競馬などの公営競技に関する年齢制限は、これまでと変わらず20歳です。健康面への影響や非行防止、青少年保護等の観点から、現状維持となっています。

■ 成年に達して一人で契約する際に注意することは？

　未成年者の場合、契約には親の同意が必要です。もし、未成年者が親の同意を得ずに契約した場合には、民法で定められた「未成年者取消権」によって、その契約を取り消すことができます。この未成年者取消権は、未成年者を保護するためのものであり、未成年者の消費者被害を抑止する役割を果たしています。

　成年に達すると、親の同意がなくても自分で契約ができるようになりますが、未成年者取消権は行使できなくなります。つまり、契約を結ぶかどうかを決めるのも自分なら、その契約に対して責任を負うのも自分自身になります。契約にはさまざまなルールがあり、そうした知識がないまま、安易に契約を交わすとトラブルに巻き込まれる可能性があります。社会経験に乏しく、保護がなくなったばかりの成年を狙い打ちにする悪質な業者もいます。

そうした消費者トラブルに遭わないためには、未成年のうちから、契約に関する知識を学び、さまざまなルールを知った上で、その契約が必要か否かを検討できる力を身に付けておくことが重要となります。

　また、消費者トラブルに巻き込まれた場合や困ったことが起きてしまった場合の相談窓口として、消費者ホットライン「188（いやや）！」が設置されています。困ったとき、おかしいなと思ったときにはしっかり相談ができるような環境をみんなでつくっていくことが大事です。

「資産形成」に取り組む際の基本となる考え方について教えてください。

A5

■ 適切な収支管理を行う

　生涯で手にすることのできるお金には限りがありますので、その範囲内でライフイベントを実現していくことになります。「資産形成」を行うにあたっては、自身の「収入」と「支出」を把握し適切に管理していくことが重要です。まず、具体例を用いて計算してみましょう。【図表5-1】は、Aさんのある月の給与明細と生活費の表です。

図表5-1　Aさんの1ヵ月間の収入と支出

給与明細（単位：円）								
支給	支給	基本給	能力給	時間外手当	住宅手当	家族手当	通勤手当	
		250,000	20,000	37,500	20,000	0	12,000	
	その他支給	持株会奨励金						総支給額
		2,000						341,500

控除	法定控除	所得税	住民税	健康保険	介護保険	厚生年金	雇用保険	
		6,640	10,000	17,820	0	32,940	1,086	
	控除	組合費	財形貯蓄	持株会				控除額合計
		3,000	20,000	10,000				101,486

1ヵ月の生活費			
食費	35,800 円	保険医療費	4,700 円
住居費	34,900 円	交通・通信費	20,000 円
光熱・水道費	7,650 円	教養娯楽費	18,690 円
家具・家事用品費	7,050 円	その他（交際費など）	20,500 円
被服・履き物費	6,600 円		

（出所）（上表）三井住友トラスト・資産のミライ研究所作成
　　　　（下表）総務省「家計調査2021年」（単身勤労世帯34歳以下）より三井住友トラスト・資産のミライ研究所作成

Aさんのこの月の

①手取り収入はいくらになるでしょうか

②「支出」はいくらになるでしょうか

③Aさんのこの月の収支は黒字（収入が支出を上回っている状態）でしょう
　か、赤字（収入が支出を下回っている状態）でしょうか

　①手取り収入は、「総支給額341,500円」から「控除額合計101,486円」
を差し引いた240,014円、②支出は1ヵ月間の生活費をすべて足した
155,890円、③Aさんのこの月の収支は84,124円の黒字になるというの
が正解です。

　このように収入と支出を把握し適切に管理するには、3つのステップで
考えていくのがおすすめです。

①収入を把握する

　仕事に就いて働くことで、その対価として収入を得ることができます。
しかし、稼いだお金の全額を自由に使えるわけではありません。例えば、
給与所得者であれば、【図表5-1】にあるとおり、総支給額から、健康保
険、雇用保険といった社会保険料、所得税や住民税といった税金が差し引
かれた金額が自由に使える収入（＝手取り収入）となります。働いて得た
お金を使うにせよ、貯めるにせよ、基準となるのはこの「手取り収入」で
すので、この金額を把握することが収入を把握するうえでは重要です。

②支出を把握する

　何にいくらお金を使ったかを把握することが、支出を把握するというこ
とです。把握するうえでおすすめなのが「支出の見える化」です。「支出
の見える化」の実践としてよくあるのは、家計簿をつけるという方法です
が、日々の細かい支出すべてを書き出して管理するのは大変だと感じる方
も多いのではないでしょうか。そのような場合に便利なのが、家計簿アプ
リです。日常的に使用している銀行口座やクレジットカードを登録してお

けば、アプリ上で自動的に収支を管理してくれます。

　ミライ研が実施したアンケート調査で、「あなたやあなたの世帯で、家計面で実行している努力や工夫をお選びください」という設問の中で、「家計簿をつけている（家計簿アプリ含む）」と回答した人は、より若い世代に多く見られました。これは家計簿アプリの利用が寄与しているものと考えられます。是非、自分に合った方法で、家計の「見える化」に取り組むことをおすすめします。

図表5-2　家計を把握するために家計簿をつけている（家計簿アプリの利用を含む）

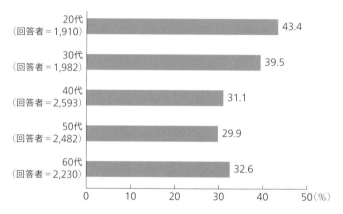

（出所）三井住友トラスト・資産のミライ研究所「住まいと資産形成に関する意識と実態調査」（2022年）

　また、支出を把握するうえでは、そもそもお金を使うタイミングで、「必要なもの」なのか「（必要とは限らないが）欲しいもの」なのかを見極めることも大切です。もちろん、「一銭の無駄なくお金を使うこと」はできないので、長い人生においては、時には「無駄遣い」する場面もあると思います。重要なことは、定期的に自身の支出を振り返り、時には将来のために（支出を）我慢することです。

③収支を黒字化する

　収入が支出を上回れば、収支を黒字化することができます。そのためには、支出が過大になっていないか（身の丈に合わないお金の使い方をしていないか）を確認しましょう。当然ながら、日々の生活費を賄うためにお金を借りるのはできる限り避けるべきです。

　また、収支の黒字化で捻出した資金は、たとえ少額であっても積み立てていきましょう。コツコツ積み立て続けることで、必ず大きな金額を貯めることができます。お金を貯めることは、みなさん自身の人生の選択肢を増やすことにもつながります。

　一方で、資産は「お金」だけではないという点は、考えておきたいことです。例えば、「自身がスキルアップをするために、資格試験取得の対策講座を受講する」といったケースです。このような場合、「お金」という資産は使ってしまいますが、知識を身に付け（さらに資格を取得すれば）「人的資本」を形成していることになります。つまり、お金ばかりを積み上げればよいのではなく、適宜適切にお金を使いながら、「ヒト・モノ・お金」のバランスをとって資産形成していくことを意識してください。

■ お金の置き場所を考えてみる

　適切な収支管理を行うことで、毎月どの程度、金融資産を形成していけるかの見通しを立てることができます。その見通した金額とライフプラン・マネープランを照らし合わせて、積み立てるお金をどこに置いておくかということを考えることが次のステップです。

　お金の置き場所は、大きく分けて「貯蓄」と「投資」があり、その二つの違いを理解しておく必要があります。

　「貯蓄」は「貯めて、蓄えること」であり、金融機関に預金や貯金をしてお金を蓄えておくことです。預入れた元本が減らないという確実性（元本保証）があり、基本的にはいつでも自由に引き出せるお金の置き方です。さらに預入れた対価として、利息を受け取ることができます。ただ

し、2023年の日本においては低金利政策の影響で預貯金の利率は非常に低く設定されているため、得られる金利は極めて少なくなっています。

　「投資」は預金のようにお金をお金のまま置いておくのではなく、「お金と異なる資産」に形を変えて何らかの経済活動に資金を供給し、その成長の結果生み出された収益の一部を利益として受け取るという「お金の置き方」のことです。
　例えば、株式に投資をした場合、投資した会社が成長を続けていけば、短期的な下落局面はあったとしても長期的には株価が値上がりしていくと想定されます。このように期待値がプラスになると想定されるものにお金を振り向けていくのが「投資」の基本といえます。

お金の置き場所を考えるうえでは、単に「貯蓄であれば元本保証があるから安心だ」という理由だけで決めてしまうのは要注意です。その点に関してはQ18の「資産形成が達成できないリスク」をご覧ください。

　ここで「投機」についても考えてみます。「投資」と語感が似ているため混同されがちですが、全く異なる行為です。というのは、投機はギャンブルと同様、生じる結果は偶然にすぎず、誰かが儲かれば誰かが損をする、いわばゼロサムゲームだからです。例えば、何らかの資産を短期間で安く買って高く売るという行為を繰り返して大きな利益を出したという体験談を耳にすることがあるかもしれません。しかし、"安く買って高く売れた"のはその人が儲けた分だけ、損した人がいるため期待値はゼロ（もしくはマイナス）となります。同じように儲けようとしても再現することは難しい（ほぼ不可能な）はずです。

　収支をきちんと管理し、コツコツ積み立てたお金を置いておくなら、「貯蓄」「投資」「投機」のどこが適切な置き場所でしょうか。もちろん、どこに置くのが正解かは、一人ひとりのライフプラン・マネープランによって異なります。ただ、おそらく「投機」は選択肢から外れるのではないでしょうか。一方で、まだ「投資」については疑問点も多いかもしれません。Q12以降でより詳しく「投資」について学んでいきましょう。

「投機」＝「ゼロサムゲーム」で勝者となるには……？

　Q5で投機は「ゼロサムゲーム」とお伝えしました。ゼロサムゲームとは、参加者の得点（利益）と失点（損失）の総和（サム）が0（ゼロ）になるゲームのことをいいます。ここで運の良さに自信のある方であれば「でも自分は得点（利益）を得られる側になるかもしれない」と思われたかもしれません。では、ゼロサムゲームに10回続けて参加した場合、勝者となるには、どの程度勝つことが求められるのでしょうか。

　例えば、「所持金の20%をかける」というゼロサムゲームに10回参加し続けた場合、

図表コラム3-1　投機の勝者になるために必要な最低勝率（aは1回あたりの収益率）

n 回参加して、そのうち k 回は勝者になるとすると、投機の勝者になるために必要な条件は、

$$(1+a)^k(1-a)^{n-k} \geq 1$$

⇕

$$k/n \geq -\log(1-a)/\{\log(1+a)-\log(1-a)\}$$

（出所）三井住友トラスト・資産のミライ研究所作成

　となり、勝者となるための最低勝率は55.0%となり、6勝4敗以上の好成績を残さなければ勝者となることはできません。

　さらに「所持金の50%をかける」であれば最低必要勝率が63.1%つまり7勝3敗、「所持金の80%をかける」であれば73.2%つまり8勝2敗…！

　これだけの勝率を導き出せる"強運"を持っているでしょうか。おそらく、そのようなものには手を出さない方が「まさにラッキー!」といえ

るのではないでしょうか。

　ちなみに上記の計算の中には、このゲームに参加するための費用（参加料や手数料）は含まれていません。それらの費用を含めると、さらに勝率を上げなければならないことはいうまでもありません。

「ライフプラン」とは何ですか？「人生100年時代」における個人の「ライフイベント」にはどのようなものがありますか？

A6

■ 社会の変化に合わせてライフプランを考える

　近年、個人の生活における「ライフプラン（人生設計）」がより注目されるようになってきています。その背景には、日本の構造的な少子・超高齢社会の進行、グローバル化や情報化の進展、ライフスタイルの多様化など、社会環境が大きく変わってきたことが関わっています。特にライフスタイルの多様化は、働き方や家族のあり方についての人々の意識の変化を表していると考えられます。

　女性の就業継続・復帰支援が広まり、一方では、家計上の要請などから、「共働き世帯」が増えてきています。また、「シングル生活」も選択肢の1つとして広まってきていることから、日本の未婚率は増加傾向にあります。結婚後も子どもをもたない、という世帯も増えてきており、「だれと一緒に過ごすのか」という人生のあり方も多様化してきています。

　ミライに向けて日々、生活をしていく中で、「仕事と家族」、「仕事と個人生活」、「家族と個人生活」など、バランスを取りながら「今の生活」を前向きに楽しんでいきたい、という想いは共通だと思われます。「今の生活をエンジョイしていれば、将来のライフイベントへの準備も知らぬ間に進んでいる」というのが理想なのですが、そういう訳にもいきません。

　やはり、今後の生活をより一層充実したものにするには、計画と準備が必要です。現在の生活の充実とともに、10年後、20年後、そして、もう少し長めの視点を持って、仕事・家庭・自分などを含めた人生設計を考えていくこと、これが「ライフプラン」です。

■ ライフイベントを想定してみる

　ライフイベントを、「収入」系のイベント、「支出」系のイベントに分けてみてみます。

図表6-1　ライフイベントマップ

（出所）三井住友トラスト・資産のミライ研究所作成

　従来は、学びのステージが終わった時点で企業や団体に就職し、「就職した企業・団体で定年まで勤め上げる」ことを前提として「生涯収入」を考えていました。現在では、「リカレント教育（就職してからも「学び直し」の教育機会を経て、新たな仕事（ステージ）にトライしていくことを交互に行う教育のあり方）」をベースとした、「人生のマルチステージ化」が進展していくと考えられています。

　当然、支出系のイベントでも「結婚」－「出産」－「子どもの教育」－「子どもの独立」といった単線的なライフステージだけでなく、「結婚」－

「結婚解消」－「新しい出会い」－「結婚」－「出産」というループ型の
ライフステージも多くなってくると思われます。これらのイベントを「金
融（家計）」という切り口で眺めてみます。

　まず、将来に向けて支出系のイベント計画を策定し、その実現に向けて
収入系で「貯める」「増やす（投資）」「備える（保険）」という金融機能・
サービスを活用することが一般的です。また、住宅ローンなどが典型的で
すが、使う（買う）時点で、すべての購入資金が準備しきれない場合、金
融機能として「借りる」を活用するケースもあります。

■ 借りて返済する、ということができない「老後生活費用」

　ライフイベントを収入系、支出系に分けてみてみましたが、参考とし
て、「人生の3大資金」とよくいわれるライフイベントにかかる平均的な
費用イメージを【図表6-2】に掲載しています。このうち、「住宅購入費
用」「教育関連費用」は住宅ローンや教育ローンという形で「借りて返済
する」ことができ、多くの方が利用されていますが、「老後生活費用」に
ついては、仕事をリタイアしていることが前提で定期的な収入がないた
め、一般的には「借りて返済する」ということができないことに留意が必
要です。2019年に注目を集めた「老後資金2,000万円不足問題」も、こ
ういった「老後生活費用」の特徴が背景となっていました。

図表6-2　大きな費用が想定されるライフイベント

住宅購入費用

土地付き注文住宅の場合	約4,456万円
建売住宅の場合	約3,605万円
マンションの場合	約4,529万円

教育関連費用

幼稚園～高等学校

すべて公立の場合	約544万円
すべて私立の場合	約1,830万円

大学

国立
自宅通学の場合	約388万円
下宿・アパート等に居住の場合	約742万円

私立（文系）
自宅通学の場合	約565万円
下宿・アパート等に居住の場合	約883万円

老後生活費用

ゆとりある老後の生活費	約36.1万円（月額）
定年後の生活資金総額	約1億3,399万円（夫婦2人）

人生の3大資金

（出所）住宅購入費用：住宅金融支援機構「2021年度フラット35利用者調査」
　　　　教育関連費用：文部科学省「平成30年度子供の学習費調査」、「令和3年度私立大学入学者に係る初年度学生納付金平均額（定員1人当たり）の調査結果について」、「国公私立大学の授業料等の推移」、日本政策金融公庫「教育費負担の実態調査結果」（令和3年度）、（独）日本学生支援機構「令和2年度学生生活調査結果」。大学は下宿・アパート等に居住の場合で、内訳は、入学金、授業料、施設設備費、生活費、自宅外通学を始めるための費用。
　　　　老後生活費用：厚生労働省「令和3年簡易生命表」、（公財）生命保険文化センター「令和元年度生活保障に関する調査」夫60歳、妻55歳時点の平均余命。なお、妻1人期間の生活費用は2人の生活費×70％にて計算。
　　　　以上をもとに三井住友トラスト・資産のミライ研究所が作成。

Q7 「マネープラン」とは何ですか？

A7

■「ライフプラン」を立てたら、次は「マネープラン」へ

　Q6で解説した「ライフプラン」が、「将来における人生のイベントをイメージすること」だとすれば、「マネープラン」は「人生のイベントに取り組むための費用をイメージし、その準備をしていくこと」になります。具体的には、ライフプランでイメージしたイベントについて、何年後に発生するか、いくらかかるかを想定し、特に「お金まわり」の準備についてスケジュール化することです。

　スケジュール化には「見える化」がとても有効です。年表のようなシートに、想定するイベントを発生する年のところに書き出してみましょう。例えば、20××年に旅行へ行く、20△△年には自動車を購入、20□□年に住宅を購入、などです。こういったイベントを書き出したものを、「ライフイベント表」といいます【図表7-1】。

　年表の下方には、一年間の収入と支出を書きます。いわゆる、「キャッシュフロー表」です。この組み合わせでマネープランの「見える化」ができます。ライフイベント表＆キャッシュフロー表は年表形式になっていますので、以下のような点を感覚的に理解することに役立ちます【図表7-2】。

- 一目で、何歳の時にどんなライフイベントがあり、いくらお金がかかるかを確認できる
- 一目で、その年の貯蓄残高がわかる
- いつぐらいから、どれくらい足りなくなるなど、将来の家計のキャッシュフローを点検できる

図表7-1　ライフイベント表&キャッシュフロー表を活用したマネープランの作成

作成手順

お名前・年齢・ライフイベントを記入します	● ご家族単位で考えましょう ● 年齢は年末時点の年齢を記入しましょう ● ライフイベントは予定や希望も含めて記入しましょう
各年における「収入見込」を記入します	● 家計全体の収入を手取額で記入しましょう ● 給与以外の収入（家賃収入など）もあれば記入しましょう
各年における「支出見込」を記入します	● 生活水準をふまえた生活費を記入しましょう ● イベント費用はライフイベントを参考にして、記入しましょう
各年の年間収支と貯蓄残高を計算します	● 年間収支を計算しましょう（「年間収入」-「年間支出」） ● 貯蓄残高を計算しましょう

ポイント

「仕事」「家族」「自分時間」「家庭経済」「健康づくり」などについて、今までの自分を振り返りながら、これから自分は何をやりたいのか？を考えてみると、イメージしやすくなります。

（出所）三井住友トラスト・資産のミライ研究所作成

図表7-2 ライフイベント表＆キャッシュフロー表

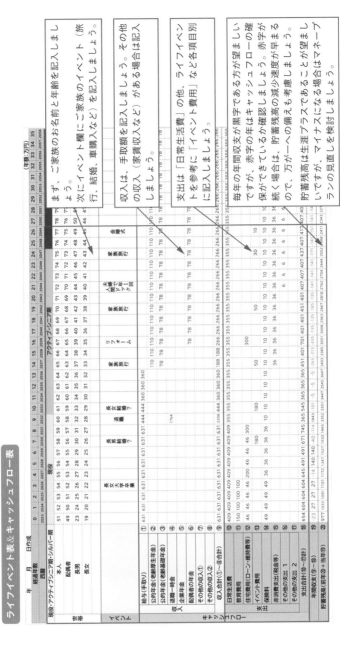

（出所）三井住友トラスト・資産のミライ研究所作成

■家計簿アプリやキャッシュフロー表管理アプリを活用してみる

　ライフイベント表やキャッシュフロー表は、表計算ソフトなどで簡単に作成することができますし、日本FP協会のホームページなどからダウンロードすることもできます。まずは、5年〜10年程度の、将来がイメージしやすい期間で作成に取り組んでみることをおすすめします。

　また、無料で利用できる家計簿アプリなどに、ライフイベント表やキャッシュフロー表が組み込まれているものもあります。こういったツールやアイテムの中から、使いやすいものを活用してみることで、マネープランがはっきりとしてくると思います。

Q8 若い時から「ライフプラン」や「マネープラン」を考えることは、なぜ大切なのですか?

A8

■ ライフプランセミナー会場での参加者アンケートは語る

「人生100年時代」といわれる中で、自治体や企業、団体でも「ライフプランセミナー」を従業員や所属員の方々に提供されるところが多くなってきています。そのようなライフプランセミナーに参加された方々の「受講後のアンケート」には、一定の割合で「こういう話はもっと早く知りたかった、若いときに受講しておきたかった」というコメントが含まれています。

コメントは、「本当にそう感じた」というトーンと、「今からでは、もう手遅れなのでは?」というトーンが相半ばしている印象を受けますが、その背景には、「もっと早いうちに、お金まわりの情報や家計について学習し、ライフプラン・マネープランを計画し、取り組めていたとしたら、今の家計の状況にはなっていなかっただろうに（もっと"よい"状況になっていたのではないか）」という想いを感じます。

■ 可能性と時間、そして選択肢

今後も長くなっていくであろうライフタイムを考えると、若い世代のみなさんは、（すでに若くはないが、その当時は）「若かった世代」のみなさんよりも、「挑戦したいこと」「実現したいこと」の選択肢も増えていくと思われます。言い換えると、より多様な可能性を持っていると考えることができます。

一方、人生100年の間に、「どんなことをしたいのか」「誰と一緒にし

たいのか」「その実現のためにどうすればいいのか」の主体は自分自身ですので、「自分はどうしたいのか、どうありたいのか」を自分で考え、計画し、実行していくことが、「目標の実現」に向けて、従来よりも重要になってきたといえそうです。現在の生活の充実とともに、10年後、20年後、そしてもう少し長めの視点を持って、仕事・家庭・自分などを含めた人生設計を考えていくことが大切になってくるでしょう。

　若い世代のみなさんは、従来であれば人生で「1回程度」と考えていたライフイベント（例えば就職/転職、結婚など）を複数回経験することや、予期しないイベントに遭遇することも想定されます。ライフイベントには「お金・予算」の準備が必要なものが、かなりあります。それぞれのイベントを自分が思い描いたものに近づけていくために、早いうちから「お金について向き合って考えてみる」ことが重要と考えられます。
　考えられるライフイベントに関するお金まわりの算段について、

図表8-1　早くから運用に取り組む効果

✓ まとまった資金がなくても
「**毎月コツコツ**」積み立て続けることで、
大きく貯めることができます

✓ コツコツ積み立てながら長く運用を続けると
「**複利**」の効果でさらに資産は大きくなります

〈例〉**毎月1万円** 積み立てた場合の期間ごとの資産額（単位：万円）

	5 年後	10 年後	20 年後	30 年後	40 年後
元金	60	120	240	360	480
年率 3.0％運用	64	139	326	578	917

約 19 万円
の差

約 437 万円
の差

（出所）三井住友トラスト・資産のミライ研究所作成

「まぁ、おおよその準備はできそうだ」というレベルで計画を立てておくことで、気持ちに余裕を持つことができ、ある程度、自分の人生の選択肢を広げることができるのではないでしょうか。

　若い世代のみなさんが、比較的に潤沢に保有しているものの1つは「時間」だと思います。「ライフプラン」や「マネープラン」を若いころから考えることのメリットとしては、この「時間を味方につけることができる」点と思われます。「ライフプラン」や「マネープラン」は「計画する」だけではなく、計画を立てたうえで、実行に移すことが重要です。
　例えば、マネープランの実践の1つに「資産運用」がありますが、資産の運用においては、「早めに資産運用に取り組み、時間を味方につけることの効果」は定量面から見ても明確です。
　【図表8-1、8-2】は、早くから運用に取り組む効果についての試算結果ですが、毎月1万円を年3％で運用した場合、5年・10年ではあまり違

図表8-2　早くから運用に取り組む効果

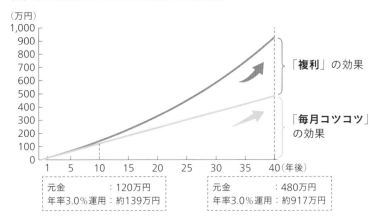

〈例〉**毎月1万円**積み立てた場合の期間ごとの資産額

（出所）三井住友トラスト・資産のミライ研究所作成

いは実感できませんが、40年となると、400万円以上の差となってあらわれてきます。これが、積み立てと複利の効果といわれるものですが、この効果は、運用する時間が長い程大きくなることから、若いときから早く始めれば、40歳代でも、相応の資産を築くことが可能になる、ということをイメージしていただけると思われます。「失われた時を求めて」も時間は戻ってきませんので、若いときに資産運用を始める意味はここにあるといえるでしょう。

Q9 日米欧における家計の金融資産構成は どのようになっていますか？

A9

■ 日本は米国や欧州に比べて預貯金比率が高い

2021年の日本の金融資産の構成は、現金・預金が54.3%、投資信託が4.5%、株式が10.2%となっています。米国は現金・預金13.7%、投資信託12.6%、株式39.8%、ユーロエリアは現金・預金34.5%、投資信託10.4%、株式19.5%という構成比です。

この比率をみると、日本は現金・預金の比率が高いことが確認できます。

図表9-1　日米欧における金融資産合計に占める各資産の割合

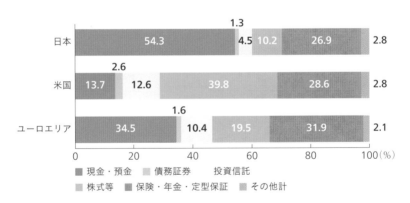

（出所）日本銀行調査統計局「資金循環の日米欧比較」（2022年）

＊「その他計」は、金融資産合計から「現金・預金」、「債務証券」、「投資信託」、「株式等」、「保険・年金・定型保証」を控除した残差。

■「預貯金の比率が高い」と「ダメ」なのか？

　各世帯のマネープランの有り様はさまざまです。それを合算してまとめたものが家計金融資産ですので、その資産割合の内訳についてその比率が「高い・低い」ということだけを論じてもあまり意味はありません。ポイントは、家計金融資産としてどのような資産を持っているかによって、家計の所得の「源泉」にも違いが生じてくる、という点だと考えられます。

図表9-2　日米の家計所得の推移

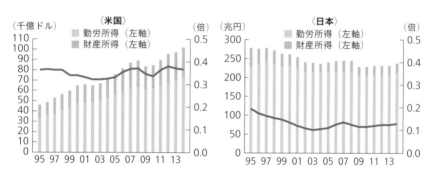

（出所）金融庁「平成27事務年度金融レポート」
＊勤労所得は被雇用者が実際に受け取る賃金・俸給（個人事業主が受け取る報酬は含まない）
＊財産所得は金融資産による所得（利子・配当・保険）＋不動産賃貸料（金融資産や不動産の譲渡益・含み益は含まない）
＊赤線は、財産所得の勤労所得に対する比率（右軸）

　【図表9-2】は、日米の家計所得の内訳をあらわしたものですが、米国は株式の比率が高いことから、「働いて得られる所得（勤労所得）」と「金融資産から得られる利子・配当や不動産賃貸料からの所得（財産所得）」がおよそ3：1で、家計所得の4分の1を財産所得が占めています。しかし、日本においてはその比率は8：1程度であり、家計所得の大半は「勤労所得」となっています。

　この割合も「何が正しいのか」というよりも、自身の家計にとって、どういった割合が良いかを考え、「選べるものなのだ」と認識することが重

要です。

　「自分が働く」のが日本型だとすると、米国型は「自分も働く、また、働いて得たお金にも（所得の稼ぎ手として）働いてもらう」ともいえます。

■ 考える素地としての「金融教育」の重要性

　とはいえ、それを考えるにあたっては、前提となる金融知識を持っていることが不可欠で、実際、諸外国では、以前より学校教育の現場でも「金融教育」が実践されてきました。

　英国では、国が2000年に小・中学校向けに学習段階ごとに到達すべき金融教育上の目標を定めています。また米国では、1995年に金融教育関係者が「ジャンプスタート連盟」と呼ばれるNPOを結成し、金融教育を広めています。

　日本においても、2005年度（平成17年度）を「金融教育元年」と位置付けて国をあげて学校での金融教育を推進してきましたが、諸外国と学ぶ内容の足並みがそろったのは平成29〜31年度改訂の学習指導要領からです。この「金融教育」の内容は、実践してこそ活きる知識であり、学生時代に学んで終わりではなく、学び続けることが重要です。そうであれば、すでに社会人となっている方々も、今、学生の方々が学び始めるタイミングで、「共に学び実践していく」ことが、金融教育を日本全体に定着させていく取組みの1つになるのではないかと思われます。

「資産」に対応して活用できる
「金融の機能・サービス」には、どのようなものがありますか?

A10

　「資産形成」という場合の「資産」として、どのようなものが連想されるでしょうか。預貯金、不動産、貴金属品などイメージされるものはさまざまだと思います。ミライ研では、「資産」を大きく3つに分類しています【図表10−1】。

図表10−1　資産とは?

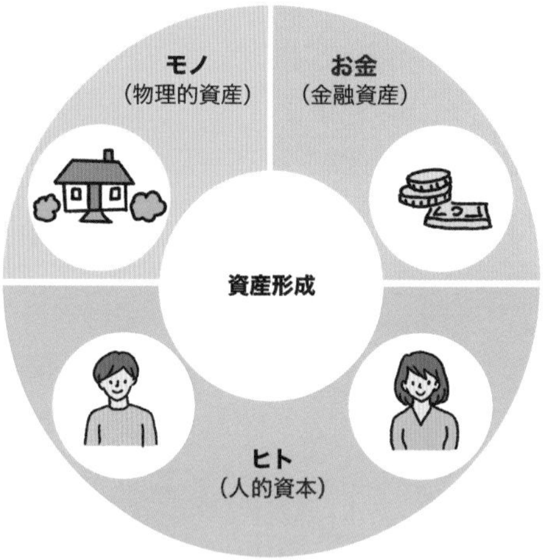

（出所）三井住友トラスト・資産のミライ研究所作成

　1つ目がヒト＝人的資本です。新たな知識を身に付けたり、学校へ通って新たな仲間と出会ったり、能力の開発に努めたりすることは人的資本を

形成しているといえます。

2つ目がモノ＝物理的資産です。車や自宅といった形のあるもの（有形資産）を所有することはもちろんのこと、近年であれば、情報やデータといった形のないもの（無形資産）もあります。これらを所有することがすなわち、物理的資産を形成することになります。

3つ目がお金＝金融資産です。「資産形成」という場合の資産として、真っ先にこの金融資産をイメージされた方が多いのではないでしょうか。

ライフイベントの実現に向けてこの「ヒト（人的資本）・モノ（物理的資産）・お金（金融資産）」をどのように形成していくのかの全体像をイメージすることが重要です。なぜならば、生涯を通じて何らかの人的資本や物理的資産を形成したいタイミングで、必要となる支出と手元にある金融資産との間には、時として"ギャップ"が生じるためです。その"ギャップ"が生じるタイミングを把握し、それらを上手く埋めるために、金融（信託）機能・サービスを適宜活用していくことが不可欠となります【図表10-2】。

■ 人的資本を形成する

人的資本を形成するというのは、少しイメージしづらいかもしれません。各々が自分のスキルアップのために知識や能力を身に付けることです。例えば、大学に通って専門的な知識を身に付ける、保有している資格を活かして仕事をするということがあげられます。また人的資本は、「働いて金融資産を得る源」ともいえます。

人的資本形成にあたっては、少額の費用ですむ方法（書籍を購入して学習する、無料のセミナーに参加するなど）もあれば、大きな費用が必要となる方法（大学へ通う、海外へ留学するなど）もあります。もし、形成するタイミングで十分な金融資産がない場合、奨学金や教育ローンを利用することができます。一時的には借入れで費用を賄う方法になりますが、人的資本は上記のとおり「働いて金融資産を得る源」です。人的資本を形成・強化す

図表10-2　活用したい金融（信託）機能・サービスと対応している本書のQ&Aナンバー

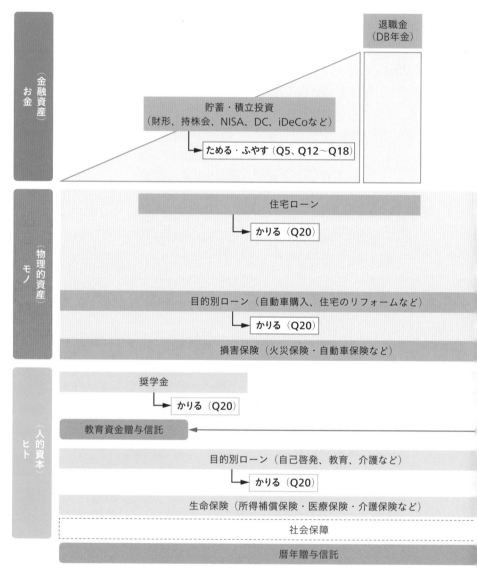

（出所）三井住友トラスト・資産のミライ研究所作成

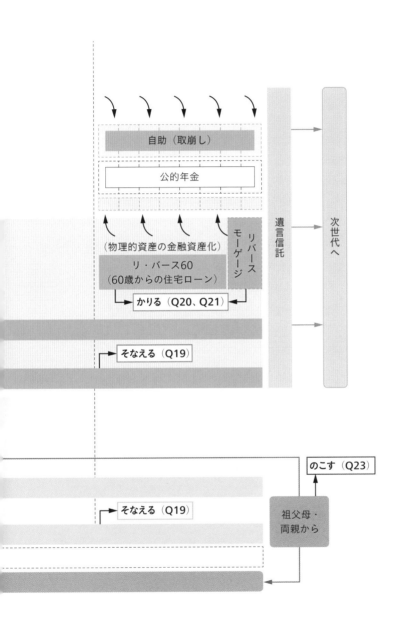

自助（取崩し）

公的年金

（物理的資産の金融資産化）

リ・バース60
（60歳からの住宅ローン）

リバースモーゲージ

かりる（Q20、Q21）

そなえる（Q19）

遺言信託

次世代へ

のこす（Q23）

そなえる（Q19）

祖父母・
両親から

ることで、将来、働いて得られるお金が増えることも期待できます。日々の生活費を借入れで賄うというのとは根本的に異なり、このような借入れは「生きたお金の使い方」といえます。

また、人的資本は、予期せぬ出来事で大きく棄損してしまう可能性があります（事故に遭う、病気を患うなど）。働いて金融資産を得る源となる資産が棄損してしまうと、生活設計自体が大きく揺らぎかねません。そのような万が一に備えて活用しておきたいのが、生命保険です。生命保険について詳しくは、Q19をご覧ください。

■ 物理的資産を形成する

物理的資産の形成は、手元にあるお金で賄うこともできますが、モノを必要とするタイミングで十分なお金が手元にないケースもあります。そのような場合には、「ローン」という金融サービスが利用できます。住宅を購入するのであれば住宅ローン、自動車を購入するのであればオートローンなど、購入したいモノに対応したローンや、利用目的が限定されていないフリーローンなどがあります。

また、物理的資産の中には、万が一、壊れたり、利用できなくなったりした場合に、非常に高額で買い換えられないような資産もあります。そのような場合に活用したいのが、損害保険です。「発生確率は高くないけれども、発生した際の経済的負担が大きいもの」に関しては、損害保険での備えがマッチします。損害保険について詳しくは、Q19をご覧ください。

■ 金融資産を形成する

金融資産を形成するにあたっては、まずは自身の収入からコツコツとお金を積み立てていくことが王道です。そのためには、収入から自動的に貯蓄に回る仕組みを活用するのが便利です。

・積立貯蓄／積立投資

　金融機関によっては毎月、普通預金口座から自動的に定期預金口座へ振り替えるといったサービスや、あらかじめ指定された金融商品を定期的に購入するといったサービスが利用できるようになっています。これらは取扱いのある各金融機関で申し込みをすれば実践できる「貯蓄分を先取りする」方法です。

　また、金融商品を定期的に購入する際には、NISA制度〔少額投資非課税制度〕の活用もあわせて行うと、非課税メリットも同時に享受できます。NISA制度について詳しくは、コラム12、コラム13をご覧ください。

・財形貯蓄（財形）制度

　財形は、勤務先が所属員の資産形成のために設けている制度です。毎月積み立てたい金額を設定しておけば、勤務先が給与や賞与などの支給時に指定の積立額を天引きし、財形への積み立てを行ってくれる制度です。もし、勤務先に財形の制度があれば、活用したい積立手段の1つです。

・持株会

　持株会も、勤務先が給与支給時に積立額を天引きし積み立ててくれる制度です。多くの企業では拠出金額に対して一定の奨励金が上乗せされます。奨励金の分だけ、多くの株数を積み立てることができる有利な仕組みになっています。退職後も株式の保有を続ければ、配当を受け取ることができ老後生活費の補完として位置付けることもできます。こちらの制度に関して詳しくは、コラム9をご覧ください。

・企業型確定拠出年金（DC）／個人型確定拠出年金（iDeCo）

　老後生活費用を準備していくのであれば、DC、iDeCoの活用がおすすめです。こちらの制度について詳しくは、Q25をご覧ください。

■ 世代を越えて資産を形成（承継）する

　金融資産、住宅などの物理的資産に関しては、自身が利活用するのみならず、自身の子・孫世代へ承継することが可能です。その際には、教育資金贈与信託や暦年贈与信託といった、贈与機能を持ったサービスの利用もできます。

　さらに、自身の子孫へ承継するだけではなく、世の中へ承継する＝寄付をするという方法もあります。

A11

　日本における2020年度の個人寄付総額は、1兆2,126億円、金銭での寄付を行った方の割合は44.1％となっており、ここ10年程の推移をみてみると、徐々にではありますが寄付文化が根付きつつあるといえるかと思います【図表11－1】。

図表11-1　日本の寄付金額の推移

（注）2011年は震災関係の寄付（5,000億円）を含み、金銭寄付者率も震災関係以外の寄付者率（29.4％）を含む。2012年以降、本調査は隔年実施、また2016年以降は4年に一度実施へと変更になった。
（出所）日本ファンドレイジング協会「寄付白書2021」

　一方で、この金額を日米欧の名目GDPに占める割合で比較してみると【図表11－2】となり、まだまだ日本における寄付推進の余地があるのも事実です。では、寄付を行う手段としてどのようなものがあるのでしょう

図表11-2　個人寄付総額と名目GDPに占める割合

〈日本〉　　　　　　　　〈米国〉　　　　　　　〈欧州〉

〈2020年〉
34兆5,948億円
※現地通貨：3,241億ドル

〈2020年〉
1兆4,878億円
※現地通貨：101億ポンド

〈2020年〉
1兆2,126億円

〈対GDP比〉
0.23%

〈対GDP比〉
1.55%

〈対GDP比〉
0.47%

(出所) 日本ファンドレイジング協会「寄付白書2021」

か。具体例として、4つの事例を紹介します。

■ ふるさと納税

　ふるさと納税は、2008年5月からスタートした制度です。自分で選んだ自治体に寄付（ふるさと納税）を行うと、寄付額のうち2,000円を超える部分について、所得税と住民税から原則として全額が控除される制度です（一定の上限あり）。例えば、年収700万円の給与所得者の方で扶養家族が配偶者のみの場合、30,000円のふるさと納税を行うと、2,000円を超える部分である28,000円（30,000円－2,000円）が所得税と住民税から控除されます。

　年末になるとテレビCMなどでも盛んに取り上げられていますので、耳にされたことのある方は多いかと思います。しかし、ミライ研のアンケート調査によると、実施したことがある人が12.7％とまだ限定的な利用状況にとどまっています【図表11-3】。

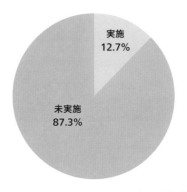

実施
12.7%

未実施
87.3%

（出所）三井住友トラスト・資産のミライ研究所「住まいと資産形成に関する意識と実態調査」（2022年）

　この制度は、「所得税・住民税が軽減される」といった金銭的なメリットが大きく取り上げられがちですが、「地方」「ふるさと」を応援できる制度です。生まれ故郷はもちろん、お世話になった地域、応援したい地域を手軽に支援できる制度として、より一層の活用が期待されます。

■ クレジットカード・ポイントカード寄付

　キャッシュレス化の進展に伴って増加しているのがクレジットカード寄付です。クレジットカード寄付であれば、希望した金額を寄付できるだけでなく、利用額に対する割合で寄付額を設定することや、クレジットカードの利用に伴って付与されるポイントを寄付するといった方法をとることも可能です。クレジットカード寄付の利用は、この10年間で利用は5倍に伸びています。

■ 特定寄付信託

　特定寄付信託とは、公益法人やNPO法人に寄付を行うことで社会貢献

活動を支援することのできる信託です。例えば、三井住友信託銀行の「社会貢献寄付信託（愛称"明日へのかけはし"）」では、寄付先がリスト化されており、その一覧から選ぶ形になっているため、「寄付をしたいが、どこへすればよいか」と悩まれる方にも検討しやすい仕組みとなっています。また、寄付先の活動報告を受け取ることができますので、自身の資金がどのように貢献できているかの実感も得やすいサービスになっています。

■ 遺贈寄付

　遺贈寄付とは、個人が遺言によって遺産の一部または全部を団体や機関などに寄付することをいいます。他の寄付の手段と大きく異なるのは、自身が亡くなった後に寄付を行いますので、「自身の遺産の一部を寄付という形で役立てたい」という想いに応える制度といえます。最終的な寄付の手続きは自身では行えませんので、あらかじめ専門家へ相談しておくことが大切です。

クラウドファンディングとは？

　クラウドファンディングとは、「群衆（Crowd）」と「資金調達（Funding）」という言葉を組み合わせた造語で、インターネットで不特定多数の人に出資者になってもらい、資金を調達する仕組みです。クラウドファンディングは、支援者（出資者）へのリターンの方法から「購入型」「寄付型」「金融型」3つに大別されます。

　「購入型」では、クラウドファンディングで集められた資金をもとに新しく開発される商品やサービスの購入の権利を得ることができます。

　「寄付型」は、ある何らかの事業や団体に寄付するものです。新型コロナウイルス感染症が流行した際には、病院や医療従事者の方などへ向けて、寄付型のクラウドファンディングが組成されました。寄付型の場合は、寄付先が一定の条件を満たした法人であれば、支援者が自身の確定申告を行うことで「寄附金控除」が受けられます。

　「金融型」は他の2つとは異なり、利子や配当といった金銭的なリターンが得られます。金融型はさらに細かく、貸付型（融資型）、ファンド型、株式型に分かれますが、いずれも投資の要素が強いといえます。資金を拠出する際には、対象となる事業や企業の見極めが重要です。

(参考) 中小企業庁「ミラサポplus」

第 2 章

「人生 100 年時代」の「資産形成」とは？

「投資」とは何ですか？

A12

Q5でもお伝えしたとおり、「投資」とは預金のようにお金をお金のまま置いておくのではなく、「お金と異なる資産」に形を変えて何らかの経済活動に資金を供給し、その結果生み出された収益の一部を利益として受け取ることです。ただし、その「投資」への取組み方にはさまざまなケースが考えられます。

プロフェッショナルとしての投資

職業として「投資」に取り組むケースです。例えば、金融機関に就職をし、会社の資金運用を担う業務の中で投資を行う場合や、信託銀行や生命保険会社などに就職をし、企業が従業員のために積み立てている企業年金を預かって運用を担う業務の中で投資を行う場合がここに該当します。また、個人で一日のうちに何度も株式等の売買を行い、利益を稼ごうとするデイトレーダーもここに該当します。

この場合、金融に関する高度な知識や専門性が必要であり、為替や株価といった金融市場に向き合って「投資」に取り組む必要があります。

趣味としての投資

「音楽を聴くのが趣味」「映画鑑賞が趣味」と同じように、自分自身の趣味や楽しみとして「投資」に取り組むケースです。投資は何らかの経済活動に資金を供給する行為ですの

で、その過程で世の中や企業について調べたり、今後の動向を考えたりするのが好きだから投資を行っているというような場合がここに該当します。

　この場合、自身の「資金面での余裕度合い」と価格の変動に対する「気持ち面での余裕度合い」にマッチするような資産を選び、自由に「投資」に取り組むことになります。

マネープランとしての投資

　自身のライフプラン、マネープランを計画したうえで、コツコツ積み立てたお金を「貯蓄」だけではなく「投資」にも置いておきたいと考えた場合に取り組むケースです。自分自身のライフプランや将来のキャッシュフローなど「金融資産の積立計画・取崩計画」をふまえて、「投資」をその計画の中の一つの手段として取り組む場合がこれに該当します。自身のライフイベントに対して必要な資金を準備していくプロセスの中で「投資」に取り組んでいきますので、相応の時間をかけながら、目標に向けた積立計画と積立中の資産額とをチェックしつつ、安定的に資産形成を進めていくイメージです。具体的には「世界経済の成長の果実を、自身の資産の中に取り込んで膨らませていく」スタイルです。

　「投資」と聞くと、日夜、株式の動向に目を凝らし、常に金融の専門的な知識をインプットし続けないと取り組めない大変で難しいものとイメージされがちです。しかし、みなさんが自身の資産形成を行う中で取り組む「投資」はそのようなハードなものではなく、価格の変動をできるだけ安定化させるポイントを押さえて、世界経済が成長していく中で自身の資産も長期的な目線で成長させていくものです。ましてや「短期間で安く買い、高く売ることでうまく儲けよう」とする「投機」とは全く異なります。

■「世界経済の成長の果実」とは？

　「世界経済が成長していく中で、自身の資産も成長させていく」ときに確認しておきたいのは、「そもそも世界経済とは何か?」ということです。世界経済とは、世界の国々のGDP（国内総生産＝一定の期間内に生産されたモノやサービスの付加価値の合計額）の集積です。シンプルにいえば、GDPは国家レベルの「儲け」で、GDPの動きを追っていくことで、その国内でどれだけの儲けが増減しているのか、つまり、国の経済状況の良し悪しを確認することができます。【図表12−1】は、世界の経済成長（GDP）の推移を示したグラフです。

　【図表12−1】をみてみると、長期的に成長を続けていることがわかり

図表12−1　世界経済（GDP）の成長（1990年1月〜2022年7月）

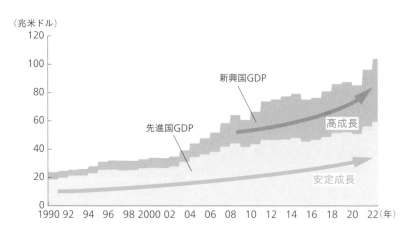

（出所）Bloombergのデータをもとに三井住友信託銀行作成。「先進国名目GDP」「新興国名目GDP」：IMF「World Economic Outlook Database, April 2022」（推定値を含む、米ドルベース）、期間：1990年〜2022年。

ます。「世界経済が成長していく中で、自身の資産も成長させていく」とは、世界のGDPを構成している資産に自分のお金を投じておくことで、長期的な成長の「果実」を得るということです。

　しかし、過去はそうであったとしても、これから投資をスタートする、もしくは投資を今まさに行っているみなさんにとっては、「今後も世界経済（GDP）の成長は続いていくのか」がポイントになってくるはずです。

　そこで、GDPを以下の様に分解して考えてみます。

$$\text{GDP} = ①人口 \times ②1人当たりのGDP$$

　まず、①の人口に関しては、日本の人口は少子高齢化で減少していますが、世界的には今後も人口が増加していくと見込まれています【図表12-2】。

図表12-2　世界人口の推移と推計

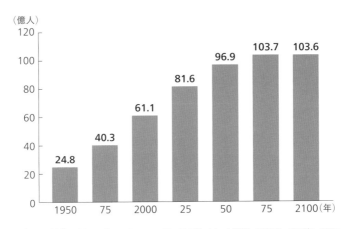

（出所）国際連合「World Population Prospects: The 2019 Revision」（期間：1950年～2100年、2025年～2100年は予測値）のデータをもとに三井住友トラスト・資産のミライ研究所作成

また、②の1人当たりのGDPは、一人ひとりの生産性を向上させれば増やしていくことができます。生産性を高めるためには、その人自身の労働力を上げる（例えば、1時間に1つ作っていた製品を3つ作るようにする）や、そもそもその人自身のウェルビーイング（WELL-BEING）を向上させる（例えば、健康面や金銭面での不安を取り除き、仕事に集中できる状態にする）ことで、生産性は高まります。

　しかし、同じことをしていては1人当たりのGDP向上はいずれ限界がきます。ですから、より生産性を高めるには、例えば、設備などの資本を投じることで生産性を高めることができます。1時間に手作業で3つ作ることが限界の人に対して、製品を1時間に10個作ることのできる機械を提供すれば生産性がより高まります。さらにここで終わりではなく、この機械自体の技術を高めることでさらなる生産性の向上が期待できます。

図表12-3　持続的な技術革新による生産性向上のイメージ

（出所）三井住友トラスト・資産のミライ研究所作成

このように、人類は人口増加と持続的な技術革新を行うことで長期的には成長を遂げてきており【図表12−3】、そう考えると今後も成長が続くと見込まれます。ですから、短期的な事象に左右されることなく「長期的な目線で世界経済の成長に沿って自身の資産も成長させていく」という点が重要といえます。

　では、みなさんが世界経済の成長に沿って自分の資産も成長させていくためには、具体的にどのような資産に投資をすればよいでしょうか。まずは、「債券」「株式」といった資産が代表的なものになります。

　「債券」とは、資金を必要とする国や地方公共団体、企業などが資金を借り入れるために発行するものです。国が発行する「国債」、地方公共団体が発行する「地方債」、企業が発行する「社債」などがあります。国債に資金を投じることで、国の将来的な発展につながりますし、社債に資金を投じることで、企業の経済活動を支えることにつながります。

　また、「株式」は株式会社が資金を調達するために発行するものです。株式に資金を投じることで、その株式会社の経済活動を支えることにつながります。

　このようにみなさん自身の資金を「債券」や「株式」に投じることは、経済を下支えし、その結果、経済が成長をする（例えば、国が豊かになる、企業が成長する）ことで、資金の出し手であったみなさんがその恩恵を受け取ることにつながります。

　【図表12−4】は、1990年1月から「世界債券」、「世界株式」、「分散投資（世界株式3：世界債券7の比率）」に投資をし、その後、リターンが何％になったかを示した線グラフと、【図表12−1】の世界のGDPを表したグラフを重ねて示したものです。当然、短期的には値上がる年、値下がる年がありますが、長期的にみると世界株式も世界債券もGDPの成長に沿って成長していることがわかります。

　ただし、今後の世界経済を考えるうえでもう1つ考慮しておかなければならないことがあります。それは「今までと同じ方法での成長には限界が

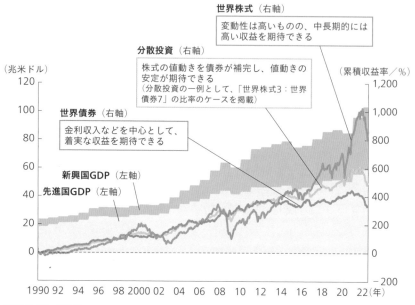

図表12-4　世界経済（GDP）と世界債券・世界株式・分散投資の動き（1990年1月～2022年7月）

世界株式（右軸）
変動性は高いものの、中長期的には
高い収益を期待できる

分散投資（右軸）
株式の値動きを債券が補完し、値動きの
安定が期待できる
（分散投資の一例として、「世界株式3：世界
債券7」の比率のケースを掲載）

世界債券（右軸）
金利収入などを中心として、
着実な収益を期待できる

新興国GDP（左軸）
先進国GDP（左軸）

（兆米ドル）

（累積収益率／%）

（出所）図表12-1に加え、
「世界債券」FTSE世界国債インデックス（含む日本、米ドルベース）
「世界株式」MSCIオール・カントリー・ワールド・インデックス（グロス、米ドルベース）
「分散投資」世界株式3：世界債券7の比率の合成指数（分散投資の一例として掲載）
いずれも1989年12月末からの累積収益率（期間：1990年1月～2022年7月）
より三井住友トラスト・資産のミライ研究所作成

あるのでは？」という点です。持続可能な開発目標（SDGs）（SDGsについ
て詳しくはQ30をご覧ください）をはじめとして、世界の人々が今後も地球
上で安定して暮らし続けていくために、現状の課題を洗い出し、解決に向
けたさまざまな活動が行われています。

　しかし、多様化・複雑化した現代においては、なかなか解決が追い付い
ていないというのが現実です。「マネープランとしての投資」は、世界経
済の長期的な成長があってこそですので、その成長が続かなければ前提自
体が崩れてしまいます。こういった観点から、SDGsへの取組みは今後の
世界の経済成長と密接に結びついており、一人ひとりが自分ごととして取

り組むことがとても大切です。

コラム5 **元本保証とは？　預金保険制度とは？**

　「預貯金をする際の預入金額」「株式や債券などへ投資をする際の購入金額」のことを元本といいます。元本保証とは、元本を各金融商品に拠出してから手元に払い戻すまでの間、どのタイミングであっても「元本の額が減らないことを保証する」という意味です。現在の日本では、元本保証のある代表的な金融商品として預貯金と個人向け国債があります。

　ただし、預貯金を預け入れた金融機関が破綻した場合や、個人向け国債において発行体である日本国の信用状況等が悪化した場合には、元本や利子の支払いが滞ったり、支払い不能が生じたりする恐れがあります。

　そこで預貯金に関しては、万が一、金融機関が破綻した場合に備えて、預金者などの保護や資金決済の履行の確保を図る「預金保険制度」

図表コラム5−1　預金保険制度の対象となる預金等と保護の範囲

決済用預金	**残高にかかわらず全額保護**
● 当座預金 ● 利息の付かない普通預金 等	
一般預金等	**1金融機関ごとに預金者一人当たり元本1,000万円までとその利息等を保護**
● 利息の付く普通預金 ● 定期預金 ● 定期積金 等	

預金保険制度で保護されない預金等

● 外貨預金　　　● 譲渡性預金　　　● 無記名預金
● 架空名義の預金　● 他人名義の預金　　　　　　　等

（出所）金融庁「預金保険制度」より三井住友トラスト・資産のミライ研究所作成
※具体的にどのような預金が各預金に該当するか等、個別の商品に関する事項は各金融機関にご確認ください

が設けられています。預金保険制度の対象となっている金融機関は加入を義務付けられており、預金保険機構に保険料を納めなければなりません。このため、金融機関が破綻した際でも、預金者は預金保険機構から一定額の保険金を受け取ることができるよう保護されています（預金保険制度の対象となる預金等と保護の範囲は【図表コラム5-1】）。

　利用頻度が多い一般預金の場合、1つの金融機関ごとに預金者一人当たり元本1,000万円までとその利息等が保護されます。例えば、普通預金（利息付）500万円と定期預金800万円を預け入れていた場合は、【図表コラム5-2】のようになります。

図表コラム5-2　預金保険制度における保護のイメージ

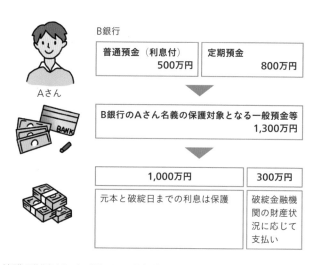

（出所）三井住友トラスト・資産のミライ研究所作成

　この預金保険制度が万が一の際に預金者へ保険金を支払う方法として、①預金保険機構が預金者に直接支払う方式（保険金支払方式）と②破綻金融機関の預金保険で保護される預金等を引き継ぐ救済金融機関

に資金援助を行う方式（資金援助方式）の2種類があり、①の方法を一般的にペイオフ（ペイオフ方式）と呼びます。

コラム6　企業の「価値」を考える

　Q5で「投資」は何らかの経済活動に資金を供給し、その成長の結果生み出された収益の一部を受け取るとお伝えしました。例えば「株式」は具体的な投資対象の一つです。今後、成長が期待できると思われる企業の株価（株式の価格）は長期的には上昇しますし、その逆も然りです。では、その成長期待の判断はどのような方法でなされているのでしょうか。

　さまざまな方法がありますが、代表的なものとして企業の財務情報（貸借対照表や損益計算書といった法律で開示が義務付けられている情報や株価）に関する3つの指標について説明します【図表コラム6−1】。

　一般的には、どれか一つの指標だけを用いて考えるのではなく、複数の指標を参考にして判断します。また近年では、財務情報だけではなく、非財務情報である「ESG（環境・社会・ガバナンス）」への取組みを考慮する投資手法に注目が集まってきています（「ESG」についてはQ30をご覧ください）。

　このような指標をみると、「だから投資はとっつきにくいんだよ…」と思われるかもしれませんが、これらの指標を参考にして詳細に分析して投資をする方法はQ12であげた「プロフェッショナルとしての投資」に近い投資への取組み方ともいえます。「マネープランとしての投資」においてまず取り組むべきは、価格の変動をできるだけ安定化させるポイントを押さえたうえで世界経済の成長を享受する投資です。そのエッセンスはQ13 〜 18で解説しますので、先に読み進みましょう。

図表コラム6−1　企業価値を考えるための指標

①会社の利益に着目

PER（Price Earnings Ratio ／株価収益率）

会社が生み出している利益に対して、株価が割安か割高かを判断する指標。一般に、PERが高ければ株価が割高、低ければ割安であるといわれます。

$$PER = \frac{株価}{1株当たり当期純利益（EPS）} \times 100（\%）$$

②会社の資産に着目

PBR（Price Book-value Ratio ／株価純資産倍率）

会社の純資産に対して、株価が割安か割高かを判断する指標。会社の資産と現在の株価との比較であり、PBRが小さいほど株価が割安であることを示します。

$$PBR = \frac{株価}{1株当たり純資産（BPS）} \times 100（\%）$$

③会社の経営力に着目

ROE（Return On Equity ／自己資本利益率）

会社が自己資本をどれだけ有効に活用して利益を上げているかを示す指標。ROEが高い水準で推移していれば、その会社の収益性や成長性も有望ですし、株主への利益還元も期待できます。

$$ROE = \frac{当期純利益}{自己資本} \times 100（\%）$$

（出所）三井住友トラスト・資産のミライ研究所作成

コラム7　FX取引・暗号資産・ステーブルコインとは？

　これらは、近年、ニュースで取り上げられることも多く認知度が高まっています。一方で、商品の仕組みが複雑であったり、価格の変動が大きかったりすることから、「投機」に類する性質を持つものもあると考えられます。もし取り組むのであれば、商品特性について理解・納得のうえで、余裕資金の範囲内で行うことが望ましいと思われます。

FX 取引（Foreign Exchange／外国為替証拠金取引）

　二国間の通貨を売買し、為替差益と金利差を狙って取引をする商品です。取引の際には「証拠金」を預け入れますが、取引額の4%の資金があれば取引を行うことができます。つまり、手元にある資金が少額であっても、多額の取引を行うことが可能です。「取引額が証拠金の何倍か」を示した数字のことをレバレッジといいます。レバレッジ効果の具体例を示したのが【図表コラム7−1】です。

図表コラム7−1　レバレッジ効果

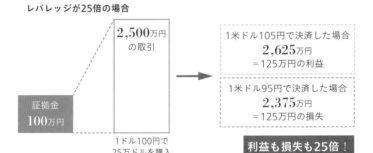

（出所）三井住友トラスト・資産のミライ研究所作成

　このように、同じ証拠金額であっても、レバレッジの大きさによって損益の結果は異なり、場合によっては投じた金額以上の損失が出ることもあります。また「短期の為替の値動きにかけて利益を狙う取引」とい

う点では「投機」的な商品といえます。

暗号資産

　インターネットを通じて記録・移転されるデジタル通貨の一種で、代表的なものとしてビットコインやイーサリアムなどがあります。法定通貨ではありませんので、あくまで価値を信用する人の間での需給に基づいて価格が決定され取引が行われる資産です。

　当初、暗号資産は「仮想通貨」と呼ばれ、「金融機関の介在無しに、利用者同士の直接的なオンライン決済が可能になる資金決済の手段」として登場しました。しかしながら、「仮想通貨」には価値の裏付けとなる資産がないため、そもそもどの程度の価値があるものかといった指標が明確ではなく、その価格は需給によって乱高下するといった投機的な側面があること、また、急拡大が進む中で、例えば、移転記録が公開されずマネー・ローンダリング（Money Laundering：資金洗浄）などに利用される恐れが高い事業者の参入や、不正アクセスを受け顧客の仮想通貨が流出するといった事態が発生したことから、投資家保護が叫ばれるようになりました。このような背景から2019年に「仮想通貨」から「暗号資産」といった名称へ変更され、利用者保護を含めたルールの明確化が進みました。

　しかし、制度が整備されたとはいえ投機的な値動きをする資産であることには変わりなく、加えて近年では登録事業者以外からの投資の勧誘や詐欺の手口として用いられるケースもあります。

　個人がマネープランとしての投資を実践する際に、暗号資産を、あえて選択する必要性はあまりないといえるでしょう。

ステーブルコイン

　暗号資産の課題として指摘されてきた「価格変動が大きく、決済手段として使い難い」点を解決するものとして登場しました。裏付け資産として法定通貨などに紐づけて価格変動の安定化を図ることで、世界中の

多くの人が利用できる便利な決済手段になるよう、各国とも制度設計に取り組んでいます。

　日本においても、法定通貨の価値と連動した価格で発行され、発行価格と同額で償還を約束するものについては、電子決済手段として分類し制度設計を進めています。

A13

　「マネープランとしての投資」に取り組む際の基本的な知識として、ま
ず、「金利」「為替」「リターン・リスク」の3つについて確認しておきま
しょう。

■ 金利とは？

　金利とは、お金を貸し借りする際に、「借り手から貸し手に支払われる
利息（貸借料）が、貸借された金額（元本）に対して何割か」を示すもので
す【図表13−1】。また、多くの場合、金利は、1年間の利息の割合として表
されます。

図表13−1　金利のイメージ

（出所）三井住友トラスト・資産のミライ研究所作成

■ 為替とは？

　為替は銀行振込や小切手など、現金以外の方法によって金銭の受け渡しをすることです。為替には「内国為替」と「外国為替」があります。内国為替とは、日本国内にある金融機関の間で資金を移動させる際、資金の受け渡しと決済を行う制度です。

　外国為替とは、通貨の異なる国同士で資金のやり取りをする際に、現金を用いずに銀行間の帳簿上で資金を移動させることです。やり取りをする際の「円」と各国の通貨との具体的な交換比率のことを、「外国為替相場（為替レート）」といいます。この為替レートは日々、変動しています。

　また、ニュースなどでは「円高」「円安」という言葉で、為替レートの動きを表現することがあります。円高、円安について、オレンジを例とって考えてみましょう。

　例えば、アメリカ産のオレンジの価格が2米ドルだったとします【図表13−2】。

図表13-2　円高・円安のイメージ

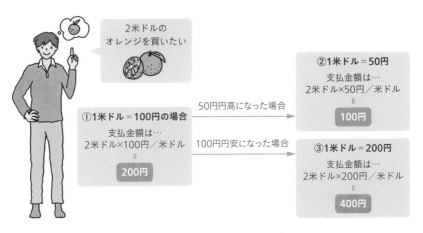

（出所）三井住友トラスト・資産のミライ研究所作成

まず、為替レートが①→②（円高）へ変動した場合、①の時よりも100円分安くオレンジを買うことができます。①に比べて②の方が、米ドルに対する円の価値が高くなったので、少ない支払いですむことになります。

　一方で、為替レートが①→③（円安）へ変動した場合、①の時よりも200円分多く支払わなければオレンジを買うことができません。①に比べて③の方が、米ドルに対する円の価値が低くなったので、より多く支払うことになります。

　したがって、①と比べて②の方が「円高」といえますし、③の方が「円安」ということができます。

■「リターン」「リスク」とは？

　「リターン」や「リスク」という言葉は日常的にさまざまな場面で用いられていますので、この単語から連想されるイメージもさまざまです。しかし、資産運用の世界においては、次のように定義されています。

図表13-3　リスクとリターンの関係

〈イメージ図〉

（出所）三井住友トラスト・資産のミライ研究所作成

「リターン」：投資対象となる資産を保有することによって得られる収益
　　　　　　率または、平均的な収益率
「リスク」：投資対象となる資産によって得られる収益率（リターン）の
　　　　　平均的な「振れ幅」
リターンとリスクは、一般的に「正の相関」となっています【図表13-3】。

図表13-4　リターンとリスク

〈イメージ図〉

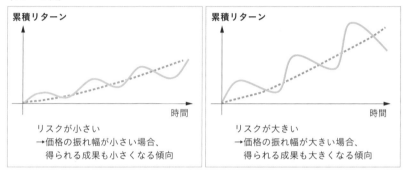

（出所）三井住友トラスト・資産のミライ研究所作成

> **不動産投資信託（REIT）**
>
> 　不動産投資信託とは、「Real Estate Investment Trust」の略でREIT（リート）と呼ばれています。オフィスビルや商業施設、マンションなどの不動産に投資し、主に賃料収入を投資家に配当する仕組みの投資信託のことをいいます。

　【図表13-4】のとおり、リスクが小さければリターンも小さく、リスクが大きければリターンも大きくなりますので、「正の相関」になっています。「リスクが小さく、かつ、リターンは大きい」資産は存在しません。
　そのことを知っていれば、もし「絶対に損はしないけれど、儲かる資産

があるが、お金を投資してみない?」という誘いを受けても、正の相関から外れているので「そんなうまい話があるわけがない!」とピンとくるはずです。きっぱりと断るようにしましょう。

■ 忘れてはいけないのは、取引にかかるコスト（費用）

　ここまでは、金融経済に関する基本的な知識でしたが、加えて、実際の取引において把握しておきたいのは、取引にかかる「実質的なコスト（費用）」です。「マネープランとしての投資」に取り組む中で、さまざまな金融商品・サービスを比較し検討するプロセスが生じます。特に投資の初心者は、金融に関する言葉や商品の仕組みなどに目が向きがちですが、取引コスト（例：購入時・解約時の手数料、運用管理費用、信託財産留保額など）が、どのようなタイミングで（購入時・保有時・売却時）、どれくらいかかるのか（購入金額に対して〇%、保有金額・保有期間に応じて〇%、売却金額に対して〇%）を、必ず確認するようにしましょう。

　また、投資のリターンは、「表面上のリターン」から取引にかかるコストを控除した「実質リターン」で把握するように心がけてください。

「マネープランとしての投資」の "コツ"は何ですか？①

A14

　「マネープランとしての投資」のポイントは、資産運用における「リスク（投資対象のリターンの振れ幅）のコントロール」です。そのための"2つのコツ"をQ14、Q15で見ていきます。

　1つ目のコツは「分散投資」です。分散投資とは、投資対象を複数の地域、資産に分けることです。投資をしている資産のうち1つの価格が下落した場合でも、他の資産の価格が維持もしくは上昇していれば、資産全体の振れ幅としては安定化させることが期待できます。

　過去のデータで分散投資の効果を確認してみます。【図表14－1】は、日本の債券、株式、海外の債券、株式という4つの資産に単独で投資をした場合の運用成果と、4つの資産に4分の1ずつ投資をした場合の運用成果を1年ごとに並べたものです。

　例えば、国内債券であれば、リターンの平均の振れ幅（標準偏差）が3.0％ですが、国内株式であれば18.8％と、資産によって異なることがわかります。では、ここで4つの資産へ単独で投資をした場合の平均の振れ幅の数値を足し上げてみると3.0％＋18.8％＋10.0％＋18.6％＝50.4％となります。

　これら4つの資産に分けて投資をしているので、この50.4％を4で割った数値である「12.6％」がこの分散投資の平均の振れ幅となるのでしょうか。【図表14－1】を見ると4資産への均等に分散投資を行った結果、標準偏差は9.5％となっており、単純に4で割った「12.6％」という数値よりも小さくなっています。これが「値動きの異なる資産に投資するとリターンの振れ幅が抑制される」、つまり「分散投資の効果」です。

図表14-1 投資資産ごとの収益率

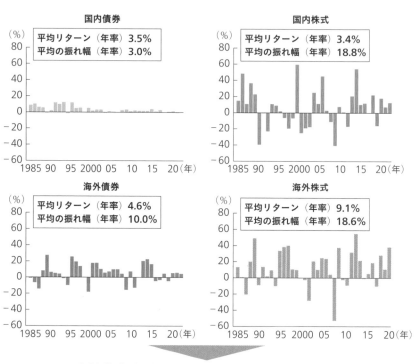

国内債券
| 平均リターン（年率） | 3.5% |
| 平均の振れ幅（年率） | 3.0% |

国内株式
| 平均リターン（年率） | 3.4% |
| 平均の振れ幅（年率） | 18.8% |

海外債券
| 平均リターン（年率） | 4.6% |
| 平均の振れ幅（年率） | 10.0% |

海外株式
| 平均リターン（年率） | 9.1% |
| 平均の振れ幅（年率） | 18.6% |

4資産分散（国内債券・国内株式・海外債券・海外株式：各25%）

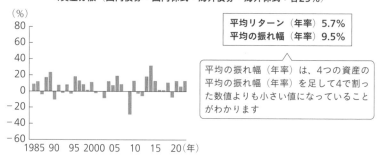

| 平均リターン（年率） | 5.7% |
| 平均の振れ幅（年率） | 9.5% |

平均の振れ幅（年率）は、4つの資産の平均の振れ幅（年率）を足して4で割った数値よりも小さい値になっていることがわかります

（出所）Bloombergのデータをもとに三井住友信託銀行作成、期間：1985年〜2021年。国内債券：NOMURA-BPI総合、国内株式：TOPIX配当込み（1988年以前はTOPIX）、海外債券：FTSE世界国債インデックス（除く日本）、海外株式：MSCIコクサイ・インデックス（除く日本、配当込み）、「4資産分散」：国内株式・国内債券・海外株式・海外債券の4資産に均等に分散投資したもの。各グラフの縦軸は単年のリターン、全て円ベース

■【+α】分散投資を数式で理解する

　ここまで過去の実績から分散投資の効果を見てきましたが、このことは数式でも証明することができます。関心のある方は、是非、読み進めていただければと思います。

　ここでは、証券（s）と証券（t）という2つの証券に分散投資をするとします。2つの証券へw_s：w_tずつ投資をした場合、リターン・期待リターンともに各証券のリターン・期待リターンを投資割合（ウエイト）で加重平均することで求められます。

ポートフォリオのリスクとリターン

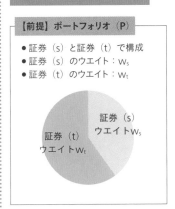

【前提】ポートフォリオ（P）

● 証券（s）と証券（t）で構成
● 証券（s）のウエイト：w_s
● 証券（t）のウエイト：w_t

証券（s）
ウエイトw_s
証券（t）
ウエイトw_t

リターンR_p

$$R_p = w_s \times R_s + w_t \times R_t$$

● R_p：ポートフォリオ（P）のリターン
● R_s：証券（s）のリターン
● R_t：証券（t）のリターン

期待（平均）リターン　E（R_p）

$$E(R_p) = w_s \times E(R_s) + w_t \times E(R_t)$$

● $E(R_p)$：ポートフォリオ（P）の期待リターン
● $E(R_s)$：証券（s）の期待リターン
● $E(R_t)$：証券（t）の期待リターン

　一方で、2つの証券へ投資した際のリスクは標準偏差で表されます。2つの証券を組み合わせる場合、2つの証券の関係性を示す「共分散」「相関係数」を用いて分析をします。

（1）分散・標準偏差

分散は、リターンR_pの平均リターン$E(R_p)$からの"乖離幅"の二乗の平均値
標準偏差は、分散の平方根（正の値のみ）

《定義（分散）》
$$V(R_p)=E\left[\{R_p-E(R_p)\}^2\right]$$

《定義（標準偏差）》
$$\sigma_p=\{V(R_p)\}^{\frac{1}{2}}$$

（2）共分散

2つの証券の「リターンの期待リターンからの乖離幅」を乗じたものの平均値（分散具合を表す）
→証券（s）が平均から下方乖離するときに証券（t）が平均から上方乖離しやすい場合、マイナス値になりやすい

《定義》
$$Cov(R_s, R_t)$$
$$= E\left[\{R_s-E(R_s)\}\{R_t-E(R_t)\}\right]$$

（3）相関係数

共分散を、－1以上、1以下に補正したもの（分散度を表す）

《定義》
$$\rho(R_s, R_t)=Cov(R_s, R_t)/(\sigma_s\sigma_t)$$

（4）ポートフォリオの分散・標準偏差

（1）～（3）より、以下のとおり導かれる
（証明は（5）を参照）

$$\sigma_p^2=E\left[\{R_p-E(R_p)\}^2\right]$$
$$=w_s^2\sigma_s^2+w_t^2\sigma_t^2$$
$$+2w_sw_t\rho(R_s, R_t)\sigma_s\sigma_t$$

特に、$\rho(R_s, R_t)=1$のとき、σ_pは証券（s）、証券（t）の標準偏差の加重平均となる

ポートフォリオの分散・標準偏差は以下のとおり展開できます。

（5）ポートフォリオの分散の計算式

$$\sigma_p^2=E\left[\{R_p-E(R_p)\}^2\right]$$
$$=E\left[\{w_sR_s+w_tR_t-E(w_sR_s+w_tR_t)\}^2\right]$$
$$=E\left[\{w_s\{R_s-E(R_s)\}+w_t\{R_t-E(R_t)\}\}^2\right]$$
$$=w_s^2E\left[\{R_s-E(R_s)\}^2\right]+w_t^2E\left[\{R_t-E(R_t)\}^2\right]$$
$$+2w_sw_tE\left[\{R_s-E(R_s)\}\{R_t-E(R_t)\}\right]$$
$$=w_s^2\sigma_s^2+w_t^2\sigma_t^2+2w_sw_tCov(R_s, R_t)$$
$$=w_s^2\sigma_s^2+w_t^2\sigma_t^2+2w_sw_t\rho(R_s, R_t)\sigma_s\sigma_t$$
$$=(w_s\sigma_s+w_t\sigma_t)^2-2w_sw_t\{1-\rho(R_s, R_t)\}\sigma_s\sigma_t$$

$\rho(R_s, R_t)=1$のとき、「$\sigma_p=w_s\sigma_s+w_t\sigma_t$」となる。
また、$-1\leqq\rho(R_s, R_t)\leqq1$であることから、
一般に「$\sigma_p\leqq w_s\sigma_s+w_t\sigma_t$」となる（分散効果）。

図表14-2 「分散投資」によるリスク低減効果

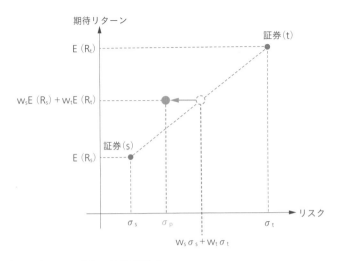

期待リターン

E (R$_t$) .... 証券（t）

w$_s$E (R$_s$) + w$_t$E (R$_t$)

証券（s）

E (R$_s$)

σ$_s$ σ$_p$ σ$_t$ リスク

w$_s$σ$_s$ + w$_t$σ$_t$

(出所) 三井住友トラスト・資産のミライ研究所作成

　したがって、低リスク低リターンの証券（s）と、高リスク高リターンの証券（t）に投資すると、縦軸の期待リターンは加重平均となりますが、横軸のリスクは、2点を結んだ線上の値よりも小さくなります（○→●）。

　唯一、リスクが線上にくるのは、2つの証券の相関係数が1のとき、つまり2つの証券が全く同じ値動きをするときは、リスクも加重平均となります。しかしそれ以外は、「ポートフォリオのリスク（標準偏差）」は「それぞれの証券のリスク（標準偏差）を加重平均したもの」よりも小さくなります【図表14-2】。

コラム8 **投資信託とは？**

　投資信託とは、多数の投資家から資金を集め、それを1つにまとめて運用の専門家が株式や債券などに投資・運用する仕組みの金融商品です【図表コラム8－1】。

図表コラム8-1　投資信託の仕組み

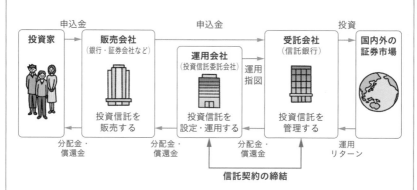

（出所）三井住友トラスト・資産のミライ研究所作成

　投資信託は「運用会社」で組成され、主に銀行や証券会社などの「販売会社」を通じて販売されることで、多数の投資家から資金を集めます。集めた資金は一つにまとめられ、「受託会社」である信託銀行で管理されます。運用会社は、集めたお金をどのような地域のどのような資産に分散投資するのかを、その投資信託の投資方針に基づいて考え、その投資の実行を信託銀行に指図します。

　運用によって生じたリターンは、投資額に応じて、一定の費用（信託報酬）を差し引いたうえで「分配金」や「償還金」として投資家に還元されます。

　投資信託の特長としては、次の2つがあげられます。

①少額から分散投資が可能

　Q14では、「マネープランとしての投資」のポイントとして分散投資をお伝えしましたが、実際に個人で投資対象を複数の地域、資産に分けることはそれなりの資金や手間が必要となります。

　その点、投資信託であれば1つの商品の中で複数の資産や地域に分散投資することが可能で、少額（一般的には一万円程度から購入できますが、近年では、最低購入金額を100円としている販売会社もあります）から分散投資に取り組めることが特長です。

②専門家による運用・管理

　資産の運用・管理を専門家に託すことで、より幅広い情報収集と分析を期待できます。

　また、みなさんから集めた資金は、信託銀行が「信託財産」として他の資産とは独立させて管理をします（信託についてはコラム2をご覧ください）。そのため、仮に投資信託に携わる各会社が破綻したとしても、投資家が預けた資金は保全される仕組みとなっています。

Q15 「マネープランとしての投資」の "コツ"は何ですか？②

A15

　2つ目の"コツ"は「長期投資」です。「長期投資」とは、「時間を味方につけて投資をする」ことです。Q14で分散投資をすることで投資対象資産のリターンの振れ幅を安定化させることができることを確認しました。ただし、【図表14-1】の4つの資産に均等に分散投資をした場合でも、なお、振れ幅は生じます。これを、より安定させるためには、「分散投資」に加えて「長期投資」を行う、つまり、一定の期間をかけて資産を増やしていく、という意識で投資に取り組むことがポイントです。

　では、保有期間の長短によって、どの程度、リターンの振れ幅に違いが出てくるのかを確認してみましょう。4つの資産へ分散投資した場合の保有期間別のリターンを比較したのが【図表15-1】です。

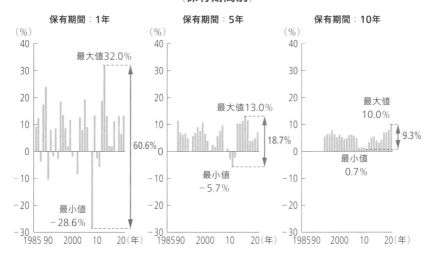

図表15-1　国内外の株式・債券に分散投資した場合の1年ごとのリターン（保有期間別）

（出所）Bloombergのデータをもとに三井住友信託銀行作成、期間：1985年〜2021年。
「1年」：各年の年初〜年末までのリターン、「5年」「10年」：各年末を基準とし、5年（10年）前からの累積リターンを年率換算。
国内債券：NOMURA-BPI総合、国内株式：TOPIX配当込み（1988年以前はTOPIX）、海外債券：FTSE世界国債インデックス（除く日本）、海外株式：MSCIコクサイ・インデックス（除く日本、配当込み）。国内株式・国内債券・海外株式・海外債券の4資産に均等に分散投資した場合のリターンを計算、すべて円ベース
※端数処理の関係で、最大値、最小値と差の値が一致しない場合があります。

　保有期間1年の場合、投資を始めたタイミングによっては、1年で32.0%の利益が出る一方、タイミングが悪いと1年で−28.6%の損失が生じる可能性もあります。つまり、運用期間を1年と短く想定してしまうと、リターンは最大値が32.0%、最小値が−28.6%と、上下の振れ幅は60.6%となります。投資を始めるのによいタイミングを見極めるのはプロでも難しいので、1年間で出る結果はある意味、「運」ともいえます。

　では、保有期間を5年、10年と延ばすと振れ幅はどうなるでしょうか。保有期間5年であれば、最大値が13.0%、最小値が−5.7%で振れ幅は18.7%、保有期間10年であれば、最大値が10.0%、最小値が0.7%で振れ幅は9.3%と、保有期間を長くすると振れ幅が安定してくることがわか

ります。

　このようにできる限り時間をかけて「マネープランとしての投資」に取り組むことが、リスクの安定化の"コツ"になります。

Q16　「マネープランとしての投資」をスタートする時に注意すべきポイントとは？

A16

　Q14、Q15で「マネープランとしての投資」のコツである、「分散投資」と「長期投資」について確認しましたが、さらに一歩を踏み出すにあたっては、「タイミング分散」に取り組むことをおすすめします。

■ **タイミング分散とは？**

　タイミング分散を考えるにあたって、リンゴを購入する例でイメージしてみましょう。

　みなさんは健康のため、毎月3,000円リンゴを購入して食べています。今月分のリンゴをそろそろ購入しようと思っていますが、①今日（1日目に）、3,000円分のリンゴをまとめて購入する、②5日間に分けて毎日600円ずつリンゴを購入する、のいずれの方が安く購入できるでしょうか。リンゴの価格が、今日（1日目）から5日後まで【図表16－1】のように推移したとします。

図表16-1　リンゴを購入する場合

	1日目	2日目	3日目	4日目	5日目
リンゴ1個当たりの価格	150円	100円	120円	100円	200円

	購入個数	1個当たりの価格
①1日目にまとめて購入	20個	150円
②5日に分けて購入	24個	125円

（出所）三井住友トラスト・資産のミライ研究所作成

①1日目にまとめて購入した場合よりも、②5日に分けて購入した場合の方が、購入単価が平準化され1個当たりの価格が安く購入できました。つまり、②の方法であれば、価格が高い時には相対的に購入する量が少なくなり、価格が安い時には相対的に購入する量が多くなるため、1個当たりの価格を引き下げる働きがあります。この例と同じように、「投資」の金融商品も日々、値動きをしますので、購入するタイミングを分けることで投資対象の価格が高いときは少なく、低いときは多く購入することで、高値つかみのリスクを軽減します。

　もしかすると、【図表16－1】の価格の推移であれば「2日目（もしくは4日目）にまとめて購入するのがベストでは?」と思われたかもしれません。しかし、リンゴの価格がいくらになり、いつが一番安くなるかを事前に知るのは難しいかと思います。「投資」の場合も、「最も安値となるのはどのタイミングか」を見極めるのは、運用のプロにとっても容易ではありません。ですから、「運用のプロではない」人にとっては、購入のタイミングを分散して投資を行うことが「現実的な」選択となると考えられます。

≪チャレンジ≫

■【+a】タイミング分散を数式で理解する

　では、タイミング分散を行うにあたって、どのような分散がお得でしょうか。次の問いを考えてみてください。

　【問】以下のP1、P2の時点において

　　①P1、P2の時点において、一定の「金額」ずつ投資を行う場合
　　②P1、P2の時点において、一定の「株数」ずつ投資を行う場合

　で購入単価にどのような差が出るでしょうか。

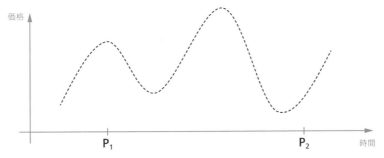

①一定の金額（S）ずつ投資を行う場合…等金額投資の場合

$$\text{購入単価A} = \frac{2S}{\dfrac{S}{P_1} + \dfrac{S}{P_2}} = \frac{2}{\dfrac{1}{P_1} + \dfrac{1}{P_2}} \quad \cdots\textbf{調和平均}$$

②一定の株数（n）ずつ投資を行う場合…等株数投資の場合

$$\text{購入単価B} = \frac{P_1 \times n + P_2 \times n}{2n} = \frac{P_1 + P_2}{2} \quad \cdots\textbf{相加平均}$$

購入単価B − 購入単価A

$$= \frac{P_1 + P_2}{2} - \frac{2S}{\dfrac{S}{P_1} + \dfrac{S}{P_2}}$$

$$= \frac{1}{2\left(\dfrac{1}{P_1} + \dfrac{1}{P_2}\right)}\left[(P_1 + P_2)\left(\frac{1}{P_1} + \frac{1}{P_2}\right) - 4\right]$$

$$= \frac{1}{2\left(\dfrac{1}{P_1} + \dfrac{1}{P_2}\right)}\left[\frac{P_2}{P_1} + \frac{P_1}{P_2} - 2\right]$$

$$= \frac{1}{2\left(\dfrac{1}{P_1} + \dfrac{1}{P_2}\right)}\left[\frac{P_1{}^2 + P_2{}^2 - 2P_1P_2}{P_1P_2}\right] = \frac{1}{2\left(\dfrac{1}{P_1} + \dfrac{1}{P_2}\right)}\left[\frac{(P_1 - P_2)^2}{P_1P_2}\right]$$

$$\frac{1}{2\left(\dfrac{1}{P_1} + \dfrac{1}{P_2}\right)}\left[\frac{(P_1 - P_2)^2}{P_1P_2}\right] \geqq 0 \text{となるため、「購入単価B」} \geqq \text{「購入単価A」}$$

つまり、購入単価Bよりも購入単価Aの方が安くなりますので、購入の際は一定の「金額」ずつ投資を行う方がお得です。

　一方で、保有している投資資産をタイミング分散で売却をする場合はどうでしょうか。この場合は、売却単価が高い方がお得ですので一定の「株数」ずつ売却を行う方がお得です。

コラム9 「持株会」と「マネープランとしての投資」は両立する？

　Q10では資産形成を行うための具体的な金融商品・サービスの一つとして「持株会」をお伝えしました。しかし、「持株会」は一つの企業の株式のみを積み立てていくものであり、Q12でお伝えしている「世界経済の成長に沿って自身の資産も成長させていく」というマネープランとしての投資の原則から、ともすれば外れるのではとお感じの方もいるかもしれません。

　しかし「マネープランとしての投資」の実践をお伝えしている背景の1つとして、個別の企業への株式投資の大変さがあります。本来、個別の企業への株式投資を行ううえでは、「投資をしようと考えている会社の業務内容を把握し今後の見通しを立てる」こと、その後も継続的に「業績の推移を確認する」ことが必要となります（コラム6）。しかし、日々の生活の中でその調査・研究のための時間を捻出するのは大変ですので、「マネープランとしての投資」を行いたいと考える場合には、分散投資（Q14）や長期投資（Q15）を意識した取組みが実践方法となります。

　では、「持株会」はどうでしょうか。もちろん一つの会社の株式を保

有する方法ではありますが、自身が勤務している会社であれば、「業績はどのような状況か」や「今後の成長に期待が持てるか」といったことは、みなさんが一番よく知っている会社だといえます。

　もちろんさまざまな要因でその株価は変動しますので、すべてを把握できるわけではありませんが、だからこそ、自身の会社の業績と株価を関連付けて確認する習慣がついたり、自分が携わっている業務だけではなく、会社全体にも関心を持つきっかけにもなったりと、単なる個別の企業への株式投資とは少し違った位置付けで取り組むことができるのではないでしょうか。また、「持株会」は、自身の業績への貢献の積み重ねが会社の成長につながり、通常のボーナス以外に株式配当という形で会社の成長の成果を受け取ることもできる仕組みでもあります。

　なお一定の計画に従って毎月買い付ける場合は、インサイダー取引規制の適用除外です。ただし、未公表の重要事実を知りながら、「持株会への新規加入」や「持株会拠出額の増加」を行うことはインサイダー取引規制の対象となります。また持株会から引き出した株式を売却する場合にはインサイダー取引規制が適用されますので、所定の手続きを踏む必要があります。

コラム10　72の法則とは？

　みなさん、「72の法則」というものを耳にされたことはありますか。よく、「お金を2倍にするのに必要な年数がわかる法則」といわれ、金利水準の比較や複利の効果の説明の中で登場します【図表コラム10−1】。

図表コラム10−1　72の法則

72 ÷ 運用利回り（年利％）≒ 金融資産を2倍に増やすのに必要な年数

例えば、運用利回りが年率0.01%であれば金融資産を2倍に増やすには7,200年（＝72÷0.01）、運用利回りが年率3.0%であれば24年（＝72÷3）となります。

　では仮に、運用利回りが年率72%であればどうでしょうか。年率（＝1年間の運用利回り）は72%にもかかわらず、この法則に当てはめると72÷72＝1年で2倍…?!

　もちろん72の法則は概算ですので、間違いだというわけではありません。ではそもそも、この72の法則が導かれた背景を紐解いてみましょう【図表コラム10-2】。

　表の一番左の列にある「①運用利回り」で運用した場合、金融資産が2倍になるのに何年かかるのかを、「②72の法則で計算した」場合と「③厳密に計算をした」場合で比較しています。さらに、表の一番右の列では、厳密に計算した場合に導き出される（72の法則ではなく）「〇〇の法則」の〇〇にあてはまる数字を掲載しています。

　ちなみに、厳密に計算をした場合の計算式は以下になります。

$$③厳密に計算をした年数をnとすると、$$
$$(1+R)^n = A$$
$$\Updownarrow$$
$$n = \log A / \log (1+R)$$

A：資産が何倍になるか
R：運用利回り（表の①）

　ここで、運用利回りが8.0%の行を見てください。まず、金融資産が2倍になる年数ですが、②72の法則で計算した年数も、③厳密に計算した年数も「9.0年」と誤差が最も小さくなっています。また8.0%では、①×③は約72となっています。

　おそらくこの法則を最初に編み出した人は、多少の誤差はあるもの

の、「72の法則」として簡易計算すれば、多くの人にとってわかり易いのではないか、と考えたのだと思われます。

　この算式をもとに考えると、資産を10倍にするのに必要な期間は「240の法則」であることがわかります。仮に、みなさんが運用利回り6%で投資を行うのであれば、40年で10倍、つまり25歳で開始をすれば、65歳の時点で「理論上は」10倍になるということです。つまり、複利の効果を侮るなかれ、可能な限り若いうちからコツコツ実践していくことが、何よりも大切ということです。

図表コラム10-2　金融資産が2倍になる年数

①運用利回り	②72の法則で計算をした年数	③厳密に計算した年数	①×③
0.01%	7200.0年	6931.8年	69.32
0.1%	720.0年	693.5年	69.35
0.5%	144.0年	139.0年	69.49
1.0%	72.0年	69.7年	69.66
2.0%	36.0年	35.0年	70.01
3.0%	24.0年	23.4年	70.35
4.0%	18.0年	17.7年	70.69
5.0%	14.4年	14.2年	71.03
6.0%	12.0年	11.9年	71.37
7.0%	10.3年	10.2年	71.71
8.0%	9.0年	9.0年	72.05
9.0%	8.0年	8.0年	72.39
10.0%	7.2年	7.3年	72.73
11.0%	6.5年	6.6年	73.06
12.0%	6.0年	6.1年	73.40
13.0%	5.5年	5.7年	73.73
14.0%	5.1年	5.3年	74.06
15.0%	4.8年	5.0年	74.39
16.0%	4.5年	4.7年	74.72
17.0%	4.2年	4.4年	75.05
18.0%	4.0年	4.2年	75.38
19.0%	3.8年	4.0年	75.71

20.0%	3.6 年	3.8 年	76.04
21.0%	3.4 年	3.6 年	76.36
22.0%	3.3 年	3.5 年	76.69
23.0%	3.1 年	3.3 年	77.01
24.0%	3.0 年	3.2 年	77.33
25.0%	2.9 年	3.1 年	77.66
26.0%	2.8 年	3.0 年	77.98
27.0%	2.7 年	2.9 年	78.30
28.0%	2.6 年	2.8 年	78.62
29.0%	2.5 年	2.7 年	78.94
30.0%	2.4 年	2.6 年	79.26

（出所）三井住友トラスト・資産のミライ研究所作成

Q17 コツコツ長く積み立てる運用の効果とは？

A17

■ "コツコツ積み立て" の実践に向けたコツ～先取り貯蓄～

コツコツ積み立てることは資産を形成するうえでとても重要ですが、実際に行動に移すにあたってはハードルがあります。月々の収入から月々の支出を差し引いて、残ったお金があれば積み立てる、というやり方だと、毎月の収支は一定ではありませんので、資産形成に回せるお金は毎月変動してしまいます。

図表17-1　先取り貯蓄のメリット

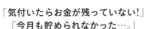

とりあえず使っていって、残った分を貯蓄しよう！

先に5万円を貯蓄して、残りのお金でやりくりしよう！

「気付いたらお金が残っていない！」
「今月も貯められなかった…。」

ということになってしまうかも…。

「しばらく見ていなかったけれど、ずいぶんお金が貯まっていた！」

知らず知らずのうちに貯蓄できます。

（出所）三井住友トラスト・資産のミライ研究所作成

そこで、「収入から、まず、積み立てる金額を引き去って、残ったお金で支出をやりくりする方法」が有効です。これを「先取り貯蓄」といいます【図表17−1】。

■ "コツコツ積み立て"に、複利の力を組み合わせる

次に、コツコツ積み立てたうえで、その資金を運用するケースを考えてみましょう。例えば、100万円を年率3％複利で運用できるとします。すると、1年後には100万円に3％の利息が得られ、103万円になります。2年後には103万円に対して3％の利息が得られる計算になるため、106.1万円になります。このように、元本と利息の合計額（元利といいます）に対して利息を加えていくことで、元本と利息の合計額が雪だるま式に増えていくことを"複利の効果"といいます【図表17−2】。

図表17−2　単利と複利の比較（年率3％のケース）

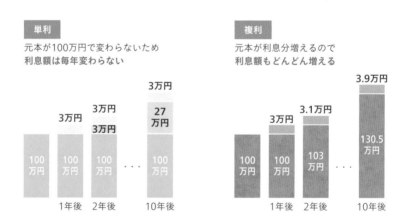

(出所) 三井住友トラスト・資産のミライ研究所作成

社会人生活をイメージし、40年間、毎月給与から1万円をコツコツ積み

立て年率3%で運用した場合のシミュレーションが【図表17-3】です。

　複利の効果によって大きく資産が膨らんでいることが確認できます。コツコツ積み立てたうえで、その資金を運用すると、効率的な資産形成が期待できます。

図表17-3　複利の効果（【図表8-2】の再掲）

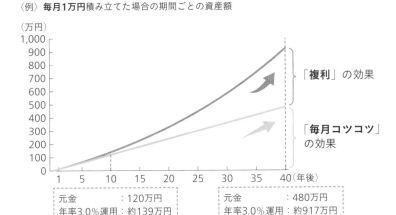

〈例〉**毎月1万円**積み立てた場合の期間ごとの資産額

（出所）三井住友トラスト・資産のミライ研究所作成

■ "コツコツ積み立て" ながら投資をする際のポイント
　～マーケットに一喜一憂しない～

　実際にコツコツ積み立てながら投資をしている場合、【図表17-3】の年率3%運用のシミュレーションのように、計算どおりに運用ができるわけではありません。マーケットの動きに左右され、資産額は増えたり減ったりします。そんな時の金言があります。それは、『マーケットに一喜一憂せずに継続して積み立て続けること（Stay in the Markets）』です。Q16

でもお伝えしたとおり、定期的に積立投資を行うことで購入単価が平準化されます。短期的な下落局面で「損失が出ているから投資をやめたほうが良いだろうか……」という思いに駆られても、時間を味方につけているのですから、どっしりと構えて運用を継続していくことがとても重要です。

コラム11 「積立投資でリスクを分散」というけれど、どの時点まで「リスク分散効果」は有効なのか？

積立投資の「一括投資化」

Q17で「コツコツ長く積み立て、運用する効果」についての話をしましたが、その中でも、「積立投資によるリスク分散」の効果については注意する必要があります。

確かに、定期的に購入する部分については「単価が安いときに多く購入できて、単価が高いときには少なく購入すること」になるのですが、その一方で、そのときまでに購入して積み上がっている資産については、その時点で「一括投資」したことと同じ状態になります。

例えば、年間12万円（1ヵ月当たり1万円）の積立投資を50年間継続する場合、積立開始時は「積立額は0円、これからの積立予定額は600万円（＝12万円×50年）」となります。仮に、運用利回りが2％で10年間積立投資をしたとすると、10年後には積立額が約131万円、その後の積立予定額（元本ベース）は480万円（＝12万円×40年）」と見込まれます。これは見方を変えれば「10年後の時点で、約131万円の一括投資と、その後は毎年12万円の積立投資を40年計画していること」と同じこととなります。

このように考えると、初期投資額0円で開始した「積立投資」は、積立開始後は、ある時点までの積立額分だけの「一括投資」と、その後の「積立予定額」を組み合わせたものになることがわかります。当然、時間の経過とともに、「一括投資」部分が大きくなり、その後の「積立予定額」は小さくなっていき、50年後には「一括投資」部分のみになり

ます。

　ここで、仮に「積立額A＋（その後の）積立予定額B」に対する「（その後の）積立予定額B」の割合を「積立投資割合C」と定義すると、積立開始前は「積立投資割合C」が100％、50年後の「積立投資割合C」は0％、つまり、50年後は積立額の100％を「一括投資」したことと同じことになります【図表コラム11－1】。

図表コラム11-1　積立投資割合の推移−経年による「一括投資化」−

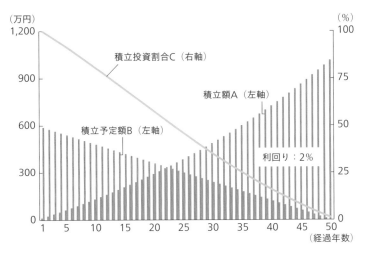

（出所）三井住友トラスト・資産のミライ研究所作成

【図表コラム11－1】からも、「積立投資割合C」は徐々に低下していき、どんどん「一括投資」している状態に近づいていく様子を確認できます。

積立投資の「一括投資化」に伴う「運用リスク拡大」と
「リスク資産の投資割合の変更」

　積立投資が時間の経過とともに「一括投資化」していくことを確認しましたが、この「一括投資」部分のリスクを、シンプルな例で説明してみます。

　仮に、「1年間の運用による損失として、10万円までは我慢できる」というAさんがいた場合、「積立額」が100万円のときに1年間のリターンが▲5%となっても、損失額は5万円（＝100万円×5%）と我慢できる範囲内ですみますが、「積立額」が300万円のときには、損失額は15万円（＝300万円×5%）となってしまい、我慢できる範囲を超えてしまうことがわかります。

　このように、同じ損失割合（▲5%）でも、「一括投資」分の「積立額」が大きくなるほど運用損失額が大きくなります。さらに、その運用損失額を補うために、その後の「積立予定額」を大きくするように積立計画を見直すことを考えると、その後の積立期間が短くなればなるほど、短期間で「積立予定額」を増加させることが必要となり、1年当たりの積立額の引き上げ割合も大きくなります。

　このようなことから、積立予定額を定めて計画的に積み立てていく「マネープランとしての投資」である場合には、積立投資を開始した段階では、ハイリスク・ハイリターンの投資対象（例えば、株式投資）の割合を高めに運用して、少ない積立額で多くの資産を積み上げることを狙いつつ、その後、順調に資産が積み上がって「目標とする金額」に近づいてくればくるほど、徐々にハイリスク・ハイリターンの投資対象の割合は低下させていった方がよいということになります。

　企業年金の運用で「成熟度が高まるほど（年金資産額が大きくなるほど）リスクを低減させていくほうがよい」と一般的にいわれている背景には、同じような考え方があります（詳しくは、「年金数理概論　第3版」（朝倉書店）のP.136をご覧ください）。

「マネープランとしての投資」で、積立計画を立てる際に留意すべきことは何ですか？

A18

　Q12で投資の取組み方として、「プロフェッショナルとしての投資」、「趣味としての投資」、「マネープランとしての投資」と区別をして説明していますが、これには理由があります。

　近年、日本においても資産形成の中で「投資」を実践する人口が増えてきています。しかし、その前提となる「資産形成の計画（マネープラン）」をしっかりと考えて取り組んでいる人の割合は限定的ではないかと思われます。

図表18-1　資産形成を実践している方の将来設計の状況

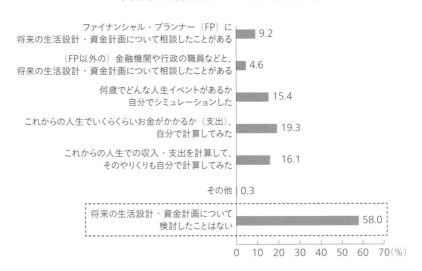

※「資産形成についてやっているものはない」と答えた方を除いた対象者（7,666名）に対する調査結果
（出所）三井住友トラスト・資産のミライ研究所「住まいと資産形成に関する意識と実態調査」（2022年）

ミライ研のアンケート調査【図表18-1】によると、資産形成を行っている方のうち、「将来の生活設計・資金計画について検討したことはない」と回答した方が58%と半数を超えています。この結果から「投資をしたほうが有利だから」「ネット上でもiDeCoやNISAなどを勧める声が多いから」など、それぞれのライフプランの中で積み立てや投資を行う意義を明確にしないまま、実践に乗り出している人が少なくないように思われます。

■ 資産形成の計画策定は逆算で

　では、マネープランを立てるにはどうすればよいでしょうか。しっかり行うとすれば、金融機関やファイナンシャル・プランナーなどと一緒にライフプランシミュレーションを立てることが望ましいといえます。一方で、個人でまず考えてみる場合には、「逆算」で考えてみるのがおすすめです。

　例えば、リタイア後の生活資金について考える場合、まずは自分がリタイア後にどのような生活がしたいのかをイメージし、その実現に必要な金額を考え、国の年金がどれくらいもらえるか、もしそれだけでは足りないようであれば、不足部分を今からどのように準備するか、という具合です。当然、リタイア後の生活を明確にはイメージできない場合もあるかと思われますので、モデルケースとして統計データや親・親戚などの暮らしぶりを参考に、「このくらいの生活水準かな」などと考えてみるのもよいでしょう。

　人生が進むにしたがって、みなさんの価値観も変わりますし、予期せぬ出来事も生じます。そのような場合は、その時々のライフイベントの変化に応じて、定期的に見直しを行っていきましょう。最初から完璧なマネープランを立てる必要はなく、お金の面でイメージを描くところからスタートしてみましょう。

　リタイア後の生活のイメージを描いてみたら、そのゴールに対して積み立ての計画とそれにふさわしい運用の目標を決めていきます。

図表18-2　将来必要な資産をどう形成していくか

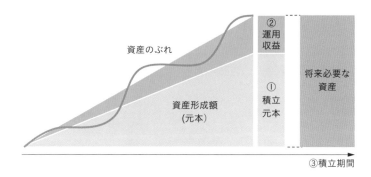

（出所）三井住友トラスト・資産のミライ研究所作成

■ 積み立て計画のパラメータ（媒介変数）

　資産形成の計画を立てる場合は、必要な時期に向けて必要な金額を用意するために、

　①必要な積立額

　②必要な運用収益（期待運用収益）

　③必要な積立期間

をパラメータ（媒介変数）として設定します【図表18-2】。

　必要な積立額と運用収益・積立期間の設定は、人によってさまざまです。必要な資金を確保するのに、①積立額を増やす、また、②期待運用収益を増やす（つまり利回り期待の高い資産を持つ）、③積立期間を延ばすことで、資産は積み上がっていきます。

　【図表18-3】にあるパターン1のように、運用収益を大きく期待した資産形成を想定する場合、積み立てる金額自体は少なくてすみます。一方で、運用収益を大きくするには、リスクの高い運用商品を活用することになりますので、必然的に資産額の変動が大きくなります。リスクを高めすぎるあまり、必要な時期に資産が元本を割り込んでいたりしていると、元

も子もありません。

　一方、パターン2のように、運用におけるリスクを抑えた場合、必要な資産を用意するためには多めに積み立てていく必要があります。

図表18-3　資産形成のやり方は人それぞれ

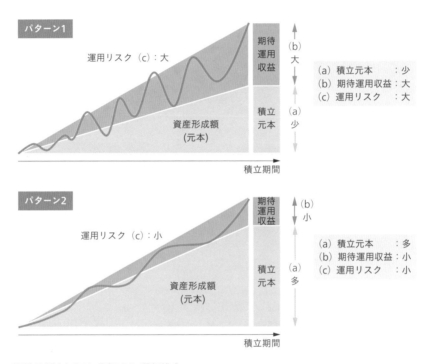

（出所）三井住友トラスト・資産のミライ研究所作成

■「運用リスク」と「資産形成が達成できないリスク」を考える

　ここで、資産形成における「2つのリスク」について考えてみましょう。

　1つ目のリスクは、「運用リスク」です。これは、Q13でお伝えした「リターンの振れ幅」のことです。リスクとリターンには正の相関関係がある

ので、大きく収益を得たいのであれば、その分元本を棄損する可能性も高くなります。

　2つ目のリスクは、「資産形成が達成できないリスク」です。例えば、老後資金として必要と想定する金額に対し、自身の積み立てられる金額だけでは「将来必要な資産」には到達しないケースにおいて、定期預金のみで資産形成を行うと、「運用リスク」はほぼ0%ですが、反面、目標とする資産形成金額を達成できませんので、「資産形成が達成できないリスク」は100%となります。

図表18-4　「運用リスク」と「資産形成が達成しないリスク」

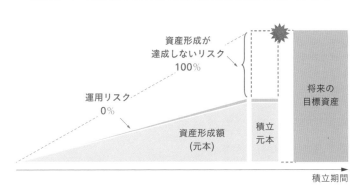

（出所）三井住友トラスト・資産のミライ研究所作成

　このように、資産形成を行うには「運用のリスク」と「資産形成が達成できないリスク」の双方を考えて計画し、実行していくことが重要です。

> ### コラム12　金融商品に関係する税金とは？
>
> 　資産形成を行うにあたって、無視できないのは「税金」です。
> 　例えば、預金をして得た利息には利子所得、公社債・株式・投資信託

の譲渡益に対しては譲渡所得として税金がかかります。

　主な税率等については、【図表コラム12-1】のとおりです。

図表コラム12-1　金融商品に関係する主な税率

対象	税率等
預貯金、特定公社債以外の公社債、私募公社債投資信託などの利子等	収入に対し20.315%
株式等（上記の特定公社債以外の公社債などを除く）の利子等・配当等	● 1　上場株式等の利子等・配当等（大口株主等が支払を受ける配当等を除きます。） 20.315%（所得税及び復興特別所得税15.315%、住民税5%） ● 2　一般株式等の配当等及び大口株主等が支払を受ける上場株式等の配当等 20.42%（所得税及び復興特別所得税のみ）
株式、投資信託、公社債などの譲渡益	譲渡益×20.315%（所得税及び復興特別所得税15.315%、住民税5%）

（出所）国税庁HPより三井住友トラスト・資産のミライ研究所作成
※2023年3月31日時点

税金面で優遇措置がある運用とは？

　一方で、税金面で優遇措置がある制度もあります。

　1つ目は、NISA制度（少額投資非課税制度）です。NISA制度とは、株式や投資信託などの金融商品に投資をした際に、本来であれば配当や売却益に対してかかる税金が非課税となる制度です。NISA制度には、非課税の内容が異なる「つみたてNISA」と「NISA」の2つの種類があります【図表コラム12-2】。

　2つ目は、確定拠出年金（DC）制度です。確定拠出年金制度はQ25でも取り上げますが、確定拠出年金制度の器のなかでは、【図表コラム12-3】のとおり、掛金を拠出するとき、運用するときに、それぞれに非課税で資産形成ができます。また、受取時は非課税ではありませんが、一時金・年金での受け取りが選択でき、一時金の場合は退職所得控除、

図表コラム12-2　つみたてNISA・NISAの特徴

	つみたて NISA	NISA
利用できる人	18 歳以上の国内居住者	
非課税期間	最長 20 年間	5 年間 （ロールオーバーすることで 最長 10 年間）
買付額の上限	年間 40 万円 （最大 800 万円）	年間 120 万円 （最大 600 万円）
投資方法	積立投資	制限なし
商品条件	一定の条件あり※	なし

※一定の法令上の条件を満たす、金融庁に届け出のあった公募株式投資信託・ETFに限定されます
（出所）三井住友トラスト・資産のミライ研究所作成

図表コラム12-3　確定拠出年金（DC）制度の特徴

1　掛金を出すとき
全額所得控除。所得税・住民税が軽減されます

2　運用するとき
運用益は非課税

3　給付を受けるとき
退職所得控除・公的年金等控除が適用されます

（出所）三井住友トラスト・資産のミライ研究所作成

年金で受け取る場合も公的年金等控除が受けられ、税制上有利に受け取ることができます。

　このNISA制度と確定拠出年金制度はよく制度が比較されますので、その特徴を整理したのが【図表コラム12－4】です。

確定拠出年金制度は買付時・運用時を中心に大きな税制優遇があります。60歳以降まで積み立てた資金を引き出せないため、老後資金の準備として"鍵"をかけて有利に資産形成ができる制度です。一方、NISA制度は、税制優遇に加えて、引き出しに関して制約がないので自由度が高い資産形成の器といえます。どちらも魅力的な税制優遇制度ですので、違いを理解したうえで、自身のニーズに合わせて大いに活用して、資産形成を進めていきましょう。

図表コラム12-4　各制度の比較

		確定拠出年金（DC）制度	NISA※つみたてNISA	一般的な証券口座・投信口座
税メリット	買付時	掛金：全額所得控除	特になし	特になし
	運用時	運用益：非課税	運用益：非課税 NISA：5年間 つみたてNISA：20年間	特になし（運用益に対して20.315%課税）
	受取時	課税の対象 ただし各種控除あり	―	―
	税制面における優遇度	大 ◎	○	△ 小
利用条件	利用面における自由度	小 △	○	◎ 大
	買付額の上限	加入している年金制度等によって、加入要件や掛金の上限額等が異なります	NISA：120万円／年 つみたてNISA：40万円／年	なし
	売却時の制限	原則、60歳まで払い出し不可	いつでも払い出し可	いつでも払い出し可

ミライの自分に「仕送り」できる制度

※NISA制度は2024年に新制度に移行します
（出所）三井住友トラスト・資産のミライ研究所

　2022年12月に「令和5年度税制改正大綱」が公表されました。この改正の目玉の1つが、個人投資家の優遇制度であるNISA制度（少額投資非課税制度）の抜本的な拡充・恒久化でした。

　今回、「成長と分配の好循環」を実現するために、若年期から高齢期に至るまで、「長期・積み立て・分散投資」による継続的な資産形成を行えるように、非課税での保有期間が無期限化されます。また、新たに「成長投資枠」が創設され、年間の投資水準は、つみたて投資枠が現在のつみたてNISAの40万円の枠の3倍である120万円、成長投資枠が一般NISAの120万円の枠の2倍である240万円となり、さらにこれらの併用が可能となるため、合計360万円に拡大、生涯にわたる非課税限度額も1,800万円に引き上げられますので、「貯蓄から投資へ」の流れを強力に推し進めようという方向がしっかり示された内容になっています【図表コラム13-1】。

図表コラム13-1　現行のNISAと改正後のNISAの主な制度内容比較

	〈2024年1月～〉改正後の NISA	〈参考〉現行の NISA
制度の期限	恒久化	つみたて NISA：2042 年まで 一般 NISA　　：2023 年まで
年間の投資枠	つみたて投資枠：120 万円 成長投資枠：240 万円	つみたて NISA：40 万円 一般 NISA　　：120 万円
非課税期間	無期限化	つみたて NISA：20 年 一般 NISA　　：5 年
非課税保有限度額	1,800 万円 （内、成長投資枠1,200 万円）	つみたて NISA：800 万円 一般 NISA　　：600 万円
投資枠の併用	可	不可

（出所）2022年12月16日公表の「令和5年度税制改正大綱」の内容にもとづき三井住友トラスト・資産のミライ研究所が作成

今回の改正で、制度活用面において特に大きなインパクトといえるのが、「制度の恒久化」と「投資額の累積管理（簿価管理）」です。非課税限度枠の上限は1,800万円で簿価管理となるので、途中引き出して投資簿価が減少し、空き枠ができれば、その分、非課税枠での投資ができる仕組みになっています（ただし、年間の投資枠内での投資となります）。恒久化されたことで、「長期的に」「1,800万円の枠内で」「資産を増やし、引き出し、また増やす」ができる制度となりますので、NISAにおいて「中長期目線での運用」が行いやすくなり、個人のライフイベントへの備えを促進する観点から、望ましい改正内容といえましょう。

　非課税限度枠は、「家計資産の養成枠・育成枠」のイメージで活用ができそうです。世帯主だけが資産形成をする時代ではなく、「家族全員で世帯の資産形成をする時代」の到来ともいえそうです。例えば、世帯主・パートナーの2人世帯なら非課税限度額は総額で「3,600万円」となります。一般的な家計規模からすると十分な枠であるといえます。

　また、NISAの基本を「課税後の所得を元手として、自身で積立て、運用し、資産形成していくもの」とすると、NISAからの引き出しに関しては、いつ、どのような受け取り方としても自由です。今回、恒久化されたことで、例えば、「リタイア後にNISAで運用しつつ、必要に応じて分割して受け取りをしていく」活用も考えられます。言い換えれば、NISAを活用した「リタイア後のキャッシュフロー設計」の自由度が広がることになります。50 ～ 60歳代以降において、退職金を原資としたリタイア後の生活資金の運用（投資デビューも含む）にも取り組みやすくなると考えられます。年間の非課税枠は、つみたて枠と成長投資枠の併用で、最大年間360万円となりましたので、リタイア時に受け取った退職金を、投資期間を複数年に分けてNISAに積み立て、運用する活用方法も想定されます。投資対象としては、投資信託であれば「分配金なしタイプ」と「分配金ありタイプ」をキャッシュフローに合わせて使

い分けることもできそうですし、成長投資枠に高配当の日本株を組み込むことで高齢期の公的年金の補完目的での活用もできそうです。今後、NISAを活用した「リタイア後のキャッシュフロー設計」に関する金融機関やファイナンシャル・プランナーへの相談ニーズも増えてくるでしょう。

さらに、家族・親族で「我が家の資産形成」に取り組む場合、家族の中で「お金を持っている人」と「NISAの投資枠を持っている人」が別々である場合、「お金を持っている人」から「投資枠を持っている人」への贈与（例えば、暦年贈与での資産移転）などが活性化するのではないかと想像されます。また、家族内では、学校で金融教育を受けたお孫さんが祖父母やお父さん、お母さんのNISAでの運用についてアドバイスをする、といった「新しい姿」も考えられるのではないでしょうか。

NISAの抜本的な改正が施行される2024年は、個人の経済的な「安心」と「楽しみ」に向けた画期的な年だった、と記録される年になるかもしれません。

Q19 人生における「保険での備え」について教えてください。

A19

　人生におけるライフイベントは、予期できるものと予期できないものがあります。これらすべてのライフイベントを、自身が積み上げた資産で対応しようとする必要はありません。資産以外でライフイベントを乗り切る方法として、「保険」という金融商品の活用があります。

■ 保険で備えるってどういうこと？

　例えば、ケガで入院するときの費用や、家族を養っている親が亡くなったときの遺族の方の生活費、こういったものは発生確率こそ高くないものの、発生すると経済的な負担が大きくなります【図表19-1】。

図表19-1　ライフイベントにおけるさまざまなリスクと必要保障額

ライフイベント例	必要な保障額のイメージ	
（世帯主の）死亡	遺族の今後の生活費 （死亡保険金の支払平均額）	約1,880万円
家屋火災の修繕費用	建替え費用（都内木造戸建100㎡）	約1,980万円
自動車事故の賠償額	被害者への賠償	約4億円の事例もあり

（出所）死亡保険金支払額：（公財）生命保険文化センター　2021（令和3）年度「生命保険に関する全国実態調査」世帯主の年齢別（30歳～54歳）の世帯主の普通死亡保険金額データから平均値を三井住友トラスト・資産のミライ研究所が試算。
家屋火災の修繕費用：三井住友海上2022年10月版保険価額評価ハンドブックの新築費単価表「東京都T・K・H構造」から三井住友信託銀行が試算。
自動車事故の賠償額：三井住友海上GKクルマの保険パンフレット（2020年1月1日～2020年12月31日までの始期契約用）より2005年5月17日名古屋地裁判決事例。

このように、発生する確率は低いものの、発生すると経済的な負担が大きいケースには保険での備えが効率的です。

■ 保険の仕組みと主な保険の種類

　保険は、「相互扶助」で成り立っています。加入者からの保険料を集めて大きな財布に入れ、誰かが困っている場合、加入者で出し合った財布から保険金を支払います。一人では備えきれない大きな経済的負担を、加入者全員で助け合ってカバーする仕組みといえます【図表19-2】。

図表19-2　保険の仕組み

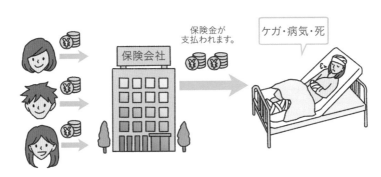

（出所）三井住友トラスト・資産のミライ研究所作成

■ 保険の種類とは？

　保険は、主に以下の3種類があります。

①第一分野　～生命保険～

　生命保険は「人」に関わる保険です。人の生存または死亡に関してあらかじめ取り決めた金額を受け取ることで、自身や家族が経済的に困らないよう、備えておくのが「生命保険」です。

②第二分野　〜損害保険〜

　損害保険は「モノ」に関わる保険です。日常のさまざまなアクシデントにより、車や家などの「モノ」が損害を受けるリスクがあります。このような損害によって生じた費用を補償するのが、「損害保険」です。

③第三分野　〜医療保険〜

　医療保険など（ガン保険、介護保険、傷害保険含む）が該当します。例えば、入院や介護が必要な状態などに保険金が支払われるようなものです。この分野は、生命保険会社も損害保険会社も取り扱っています。

■ 人生における保険の活用方法

　「貯蓄や積立投資」と「生命保険・損害保険」はまったく別物のように見えますが、これらはどちらも「ライフイベントに備える」ための手段という観点では「仲間」として見ることができます。仲間だと捉えることで、「貯蓄や積立投資」と「生命保険・損害保険」のそれぞれの特長をふまえて、バランスよく使い分けていくことがイメージできます。

　人生におけるライフイベントを経済的に安心したかたちで乗り切るためには、「予測しやすいライフイベント」に対しては、「貯蓄や積立投資」で資産形成をして対応することが基本となります。一方で、予測しにくいライフイベント、つまり「発生確率が低いものの、起こると経済的負担が大きいイベント」をカバーするには、保険料を支払うことで、万が一、所定の事態が起こった場合には、大きな保障が得られる「保険」で備えることがマッチしています。

　このように、貯蓄や積立投資だけでなく、予期せぬことへの備えとしては保険も活用することで、より安心なマネープランを描くことができます。

図表19-3 ライフイベントとして生じてくるリスクの種類（負担と発生確率）

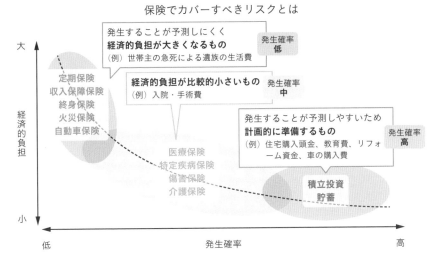

（出所）三井住友トラスト・ライフパートナーズ作成

コラム14 **生命保険・損害保険の歴史**

「生命保険」と「損害保険」、今では当たり前に存在する仕組みです。一方で、それらは目に見えない商品であるがゆえに、自身や家族が加入していても、あまり意識しないかもしれません。この保険という仕組みはどのように生まれ、どのように人類の役に立ってきたのでしょうか。

保険の起源は海上保険

保険の始まりは諸説あるものの、古代ギリシャにまでさかのぼるといわれています。

当時の航海は今と違い、自然による災害に加え、盗賊や海賊に襲われるといった危険が多くありました。このような危険に備えるため、「荷

主と船主が損害による負担を分担する」という習慣が生まれました。これがいわゆる「海上保険」であり、損害保険の起源です。

　また、その後も紀元前300年頃には保険の仕組みがさらに形作られます。船や積み荷の持ち主が金融業者から借り入れた資金について、トラブルがなく交易ができれば利息を付けて返済、反対に何らかのトラブルが発生し船や積み荷が無事でなければ、返済は免除されるという仕組みでした。

　15世紀半ばから17世紀半ばの大航海時代にはさらに発展し、このような海上保険の仕組みがより組織的になり、海上貿易の発展に伴って保険の仕組みは進化していきました。

　さらに、このような保険の仕組みは、海上にとどまらずさまざまなシーンでも活用されるようになりました。17世紀の英国では、ロンドンで大規模な火災が発生（ロンドン大火災）したことで、火災保険会社が世界で初めて設立されました。過去の火災発生率や現在の建物数から保険料を設定するなど、より細やかな保険の仕組みとして発展していきました。

　一方、生命保険の起源ですが、15世紀に、海上保険を奴隷に対してかけることがありました。また、同じく中世には、商人たちが同業者組合「ギルド」を作っていましたが、冠婚葬祭などの負担を組合全体で分担しあっていたことも起源の一つとされています。

　そこから、18世紀英国では、数学者によって人の死亡率などの算出もされるようになり、死亡率に基づいて保険料を支払い、支払事由になると保険金を受け取るという仕組みが生まれました。

日本における保険の歴史は？

　日本においても、損害保険の成り立ちは海上保険でした。江戸時代の朱印船貿易では、海難事故の危険に対し、金融業者が保険の仕組みを提供しました。金融業者が航海に対してお金を貸し、航海が無事に終われ

ば利子をつけて元金を返済、船が難破した場合は返済を免除するという仕組みでした。

　近代的な保険は、19世紀に入り外国の保険会社により持ち込まれました。また、福沢諭吉による「西洋旅案内」で外国の保険の仕組みが紹介され、1879年には日本で最初の海上保険会社が営業を開始しました。

　生命保険についても、福沢諭吉による「西洋旅案内」で国内に紹介されました。最初は欧米から輸入された生命保険という仕組みが倫理的になじまず、なかなか浸透しなかったようです。しかしながら、1881年に欧米の近代的保険制度を手本として生命保険会社が設立され、徐々に浸透していきました。第二次世界大戦以降では、国内の生命保険会社によりさらに加入を伸ばしてきました。また、1994年に日米保険協議の合意などをきっかけに、外資系保険の参入も増えました。

保険は身の回りのリスクにお金の面でサポートする仕組み

　保険という仕組みは、それぞれの時代ごとに、対処したい危険を「みなで助け合う」という考えから生まれました。

　今では、自動車や二輪車など、生活の中で身近だけれど大きな危険と隣り合わせの"モノに関するリスク"や、病気やけがなど、日常で直面する"ヒトに関するリスク"に、お金の面で対応するために開発された保険が数多くあります。

　なお、日本の公的年金もこのような保険の機能を有し、ライフタイムにおけるさまざまなリスクへの備えを提供しています。具体的には、現役世代から保険料として集めた資金を、
　①「長生きリスク」への備えとして終身で年金受給ができる機能
　②「障害のリスク」への備えとして、障害年金を受給できる機能
　③「死亡のリスク」への備えとして、遺された家族が遺族年金を受給できる機能
という形で、助け合う機能があります。

保険は、目に見えない仕組みなので、普段はそのありがたみを感じることは少ないかもしれませんが、逆に、これらの仕組みがない世界を想像してみてください。火事などの災害が起きるとお金の面でもとても大きな出費になりますし、家族の大黒柱に病気やけがといった万が一のことがあると、家計の収入は大きな打撃を受けます。想定外のことが起こったとしても、お金の面で相互に助け合う仕組みがあるからこそ、安心して暮らせる状況が生み出せているといえるでしょう。

Q20 「借入（お金を借りること）」について 教えてください。

A20

■「借りる」という行為のメリット

　今、自分が持っている資金だけでは叶わないことが、できるようになる、という観点では、「お金を借りること」は「選択肢の拡大」かもしれません。例えば、今どうしても欲しいモノやサービスがあるけれども、手持ちのお金が足りない場合や、家計の事情から手持ちのお金は使えない、使いたくない場合、お金を借りることでモノやサービスを手に入れることが可能です。

　代表的な「借りること」として住宅のローンがあげられますが、住まいを購入するには一般的に何千万円ものお金が必要です。一度にそんな大金をポンと出せる人はそう多くはないでしょう。そのため金融機関などからお金を借りて、住まいを購入するわけです。返済型の奨学金や教育ローンも、「教育」というサービスを受ける目的で「お金を借りる」ことです。

■「お金を借りる」前にふまえておきたいこと

　ここで考えたいのは、「借りる」という行為にも、大きく分けて「2つの種類」があることです。具体的には、**資産を形成するための借入**と**身の丈以上の消費のための借入**です。

　まず「**資産を形成するための借入**」ですが、例えば、不動産という資産を取得するための借入や、自身の経験・能力を磨くため、つまり人的資本を形成するための借入は、必要な時期に必要な金額を工面するためであり、その人のライフイベントとして重要な取組みを支えるものです。

一方、「**身の丈以上の消費のための借入**」は、今の収入規模からすると予算オーバーしているのだけれども欲しいモノを買うために借金する、派手な生活をするために借金する、といった借入です。このような場合、借入の返済に追われることになりかねません。借入を検討する前に、まずはお金の使い道や自身の日々の資金繰りの見直しをすることが先決です。

■ お金を借りる、具体的な内容は？

　借入には種類がいくつかあります。【図表20-1】では、代表的な借入を記載しています。

"モノ（物理的資産）"の形成	住宅ローン	● マンションや建売住宅を購入したり、一戸建てを建築したりする際の借入れ ● 現在の住宅ローンを別の住宅ローンに変更するといった借り換えにも利用できる
	マイカーローン	● 自動車を購入する際の借入れ ● 銀行、クレジット会社などにより、自動車ローン、オートローンといった呼び方などがある
"ヒト（人的資本）"の形成	教育ローン	● 子どもの進学に伴う教育資金の借入れ ● 教育ローンには、国や公的機関が行う公的なものと、銀行などが行う民間のものがある
	奨学金	● 学生等の修学を援助するなどの目的のために給付／貸与される資金。給付奨学金は返済不要だが、貸与奨学金は返済の必要がある
その他	カードローン	● 専用のカードを利用し、ATMなどを通じてお金を借りるローン。あらかじめ決められた利用限度額の範囲内なら、いつでも何回でも借りることができ、使い途も自由 ● ほとんどのカードローンは無担保、無保証だが、有担保型のカードローンもある
	フリーローン	● 結婚資金、旅行資金、保険適用外の手術や入院にかかる費用など、借り手の資金需要に柔軟に応えられる、使用目的を制限しないローン
	事業ローン	● 企業や事業主、個人経営者などに特化したローン ● 法人名義で借りられるものと、事業主の個人名義で利用できるものがある

（出所）三井住友トラスト・資産のミライ研究所作成

　代表的な借入といえば、住宅ローンです。家を持っている人のうち、住宅ローンを借りた経験がある人は、ミライ研のアンケート調査では約8割に上りますので、多くの人が借入を経験していることがわかります【図表20-2】。

図表20-2　ローン保有経験者の割合

	回答者数	ローンを組んでいる・組んでいた（単位：％）
全体	3,947	78.6
20代	143	74.8
30代	449	84.0
40代	863	82.2
50代	1,093	80.6
60代	1,399	73.4

（出所）三井住友トラスト・資産のミライ研究所「住まいと資産形成に関する意識と実態調査」（2022年）

■（資産を形成するための借入であっても）

お金を借りる際に注意するべき点は？

　手持ち資金がなくても、お金を借りることで、買いたいモノが買えたり、利用したいサービスを受けられたりすれば、嬉しく楽しいものです。しかし、お金を借りる際に常に注意しなければならない点が3つあります。それは、

　　①借りたお金は返さなければならない
　　②利息を支払わなければならない
　　③返済が困難となる事態も想像しなければならない
です。

①借りたお金は返さなければならない

　これは当たり前かもしれませんが、安定した収入がない状況でお金を借りても、返済能力がないと返済に窮して、時が経つにつれ延滞利息も膨らんでいく…ということになりかねません。無理のない借入限度額の設定、返済計画を立ててから借り入れることが重要です。

②利息を支払わなければならない

　お金を借りると、一般的に利息を支払う必要があります。たくさん借りれば借りるほど、また長く借りれば長いほど支払う利息額は増えます。借りた元本分だけでなく、支払う利息がいくらになるのかをしっかり想定したうえで、借入金額・借入期間を設定することがとても重要です。

③返済が困難となる事態も想像しなければならない

　今は、「安定的な収入があり、計画的に返済できる」と思っていても、万が一、自身が働けなくなった、仕事がなくなった、などの状況が生じて手元資金がなくなり、返済ができなくなる可能性も想像してみることが重要です。もし、不安な要素があるのであれば、「手元資金に余裕を持たせた借入や返済計画を立てる」ことも大切です。

　例えば、住宅ローンの場合は、設定する際に団体信用生命保険（団信）という保険に加入することが原則です。ローンの契約者が不慮の事故などで死亡する、高度な障害を抱えるといった返済が困難な状況に陥った場合でも、団信に加入していれば保険金を住宅ローンの返済に充当することができます。これは「安心」のための保険ですが、万全ではありません。ライフイベントを考慮して、無理や不安のないような借入と返済を計画することがやはり重要なことに変わりはありません。

　これらの3つの点に注意し、「ローンリテラシー（「借入」の意味を適切に理解し、適正に活用できる力）」を向上させていくことで、生活の余力を超えた借入をしたり、高い金利での借入れを増やしたりしないこと、また、返済が困難になる事態に陥らないよう、しっかりと将来の計画を立てておくことができるようになりましょう。

コラム15　お金を借り入れる際の 金利（利息）の考え方とは（住宅ローンの例）？

返済する際に支払う利息はどう決まる？

　ローンを返済するときは、元本の返済に合わせて利息を支払いますが、この利息を決めるのが「金利」と「期間」です。

　金利は、元本に対しての利息の割合を指します。貸す側は金利が高い方が、借りた人から支払ってもらえる利息が多くなるので嬉しいですし、借りる側は、金利が低い方が、支払う利息が少なくなるので嬉しいことになります。

変動金利と固定金利

　金利のスタイルは大きくは2種類あります。変動金利と固定金利です。

　変動金利は、適用される金利が世の中の金利情勢に従って変動しますので、支払う利息の合計額は、返済期間中の金利環境によって変わります。返済中に金利が下がれば、支払利息は少なくなり、金利が上がれば、支払利息は多くなります。

　なお、住宅ローンに関しては、一般的に「短期プライムレート（民間の金融機関が優良企業向けに1年以内の短期間で貸出すときに適用する最優遇貸出金利）」を基準に決められます。金利の変動は「短期プライムレート」の変動に左右されます。

　固定金利は、一度借り入れた元本に対する金利が一定の期間固定されるものです。全期間、金利が固定となるタイプと、一定期間（5年、10年など）のみ金利が固定となるタイプがあります。固定されている間は、最初に契約した金利で計算される利息額が変わることはありません。

　なお、固定金利は、金融市場からの調達金利をベースに各金融機関で設定されるのが一般的です。金利の変動は、市場金利に左右されます。

図表コラム15-1　変動金利と固定金利の比較

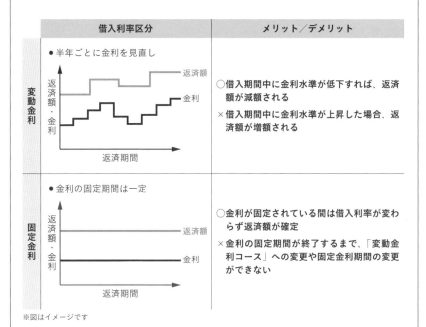

借入利率区分	メリット／デメリット
変動金利 ●半年ごとに金利を見直し 返済額・金利／返済期間	○借入期間中に金利水準が低下すれば、返済額が減額される ×借入期間中に金利水準が上昇した場合、返済額が増額される
固定金利 ●金利の固定期間は一定 返済額・金利／返済期間	○金利が固定されている間は借入利率が変わらず返済額が確定 ×金利の固定期間が終了するまで、「変動金利コース」への変更や固定金利期間の変更ができない

※図はイメージです

(出所)三井住友トラスト・資産のミライ研究所作成

どちらが得なのかはわからない

　「変動金利」と「固定金利」の住宅ローンのどちらが得かという議論は、損得で語れるものではありません。

　上記のメリット・デメリットのとおり、どちらも一長一短があります。また、今後の金利情勢の見通しにも左右されますが、平均的には30年を超える住宅ローンの借入期間において、将来の金利を予測することは極めて困難です。

　考える上でのポイントとしては、「金利の変動をどこまで許容できるか」です。

変動金利は定期的に金利が見直されますので、将来、金利の上昇により支払利息が増える可能性もあれば、金利の低下で支払利息が減る可能性もあります。

　なお、現在の金利環境（2023年時点）では、変動金利が固定金利より低い金利が設定されているケースが多く、金利負担は少ない状況です。今後金利が上昇し、固定金利の水準を超す場合、支払い負担は増えます。そのため、金利の上昇により負担が増えると想定する場合は、固定金利で借りる方が得になります。

　損得のイメージを【図表コラム15－2】でお示しします。

図表コラム15-2　変動金利と固定金利の損得比較

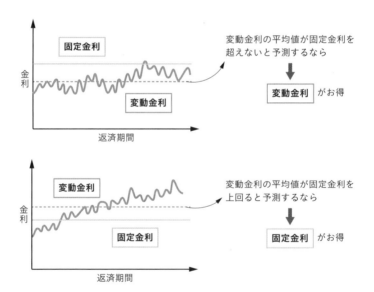

（出所）三井住友トラスト・資産のミライ研究所作成
※実際は上記のように単純な比較にはなりません。例えば返済初期の段階で、低金利のうちに元金を早く・多く減らしておけば、利息負担減少という余力が生じます。

　なお、住宅ローンは繰り上げ返済を行うことで、支払う利息を減らす

ことができます。そのため、変動金利を利用する場合、金利上昇リスクへの備えとして繰り上げ返済を上手に活用することも有効な手段です。そのため、繰り上げ返済を行うための資産余力を持っておくことも重要といえます。

　ただし、これらは、自身の資産状況や収入の将来見込みにもよります。間違っても「周りがそうしているから」という理由では選ばず、「金利変動リスクへの対応力」と「返済負担」を天秤にかけながら、自身にあったローン計画を立てることが重要です。

持ち家は資産でしょうか？

■ 家を買う人・買わない人

　ライフイベントの中でも、「住まい」はそのコストの大きさや生活に及ぼす影響度から「悩み」が大きいものの1つといえます。ミライ研が実施したアンケート調査で、持ち家志向か賃貸志向かを年代ごとにお伺いしたところ、持ち家派が53.4％、賃貸派が18.2％と持家志向が高いことがわかりました【図表21-1】。

図表21-1　持ち家志向か、賃貸志向か

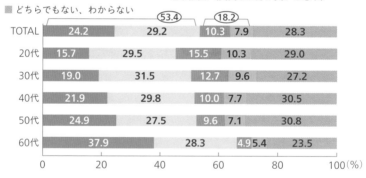

（出所）三井住友トラスト・資産のミライ研究所「住まいと資産形成に関する意識と実態調査」（2022年）

　また、上記の設問に加えて持ち家派には「家を購入する理由」を、賃貸

派には「購入しない理由」を尋ねており、その結果が【図表21-2】となっています。

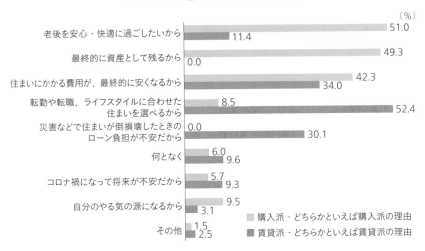

図表21-2　購入派・賃貸派の理由

理由	購入派・どちらかといえば購入派の理由	賃貸派・どちらかといえば賃貸派の理由
老後を安心・快適に過ごしたいから	51.0	11.4
最終的に資産として残るから	49.3	0.0
住まいにかかる費用が、最終的に安くなるから	42.3	34.0
転勤や転職、ライフスタイルに合わせた住まいを選べるから	8.5	52.4
災害などで住まいが倒損壊したときのローン負担が不安だから	0.0	30.1
何となく	6.0	9.6
コロナ禍になって将来が不安だから	5.7	9.3
自分のやる気の源になるから	9.5	3.1
その他	1.5	2.5

(%)

(出所) 三井住友トラスト・資産のミライ研究所「住まいと資産形成に関する意識と実態調査」(2022年)

　持ち家派の最も大きな理由は、「老後を安心・快適に過ごしたいから」となっていますが、注目したいのは、理由の第2位になった「最終的に資産として残るから」です。持ち家派は購入時に「(賃貸で)家賃を払い続けても、後に何も残らない」「購入すれば、ローン返済後は、土地・家屋、マンションなどが「我が家」「住処」として残るのだ」という想いで決断されるようです。しかし、住み続けている最中は、住まいを「換金できる資産」としてみることがあまりないかもしれません。

■「住まいを資産としてみる」とは?

　自宅に住んでいると、資産として活用するイメージはあまりわかないか

もしれません。しかし、住まいを金融資産に変換するさまざまな金融商品・サービスを利用することで、住まいを資産として活用できる場合があります。

　①人に貸す
　②売却する
　③売却したうえで住み続ける（リースバック）
　④住まいを担保にお金を借りる（リバースモーゲージ）

　①は、人に貸せばその分の賃料が入ってきますので、キャッシュフローを生む資産として考えられます。また、②は売却するとお金が入ってきますので、直接的に金融資産に変換できます。
　③は②の派生ですが、「住まいを売却したうえでそこに住み続ける」という選択肢です。これは、「リースバック」という手法で、一旦リースバック業者に住まいを売却し、そのうえで売却した住まいを今度は賃貸物件として借り受けることで、引き続き「同じ家」に住み続ける方法です。

図表21-3　リースバックとは

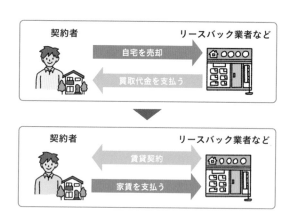

（出所）三井住友トラスト・資産のミライ研究所作成

例えば、老後のマネープランを考えたときに、公的年金を柱とはするものの、ゆとりのある生活には少し足りない、といった場合など、「同じ家」に住み続けながら、住まいを金融資産に換えることができます。また、次の世代への相続を見据えると、不動産を相続するよりも現金に換えておきたい場合も考えられます【図表21−3】。

　また、④は③と似ていますが、住まいを売るのではなく担保にして、金融機関などからお金を借りることで、住み続けながら資金を得る方法です。これをリバースモーゲージといいます【図表21−4】。

図表21−4　リバースモーゲージとは

（出所）三井住友トラスト・資産のミライ研究所作成

　住まいは資産であるものの、住み続けている限りはその意識も生まれづらいかもしれません。しかしながら、住まいを金融資産に変換するさまざまな金融商品やサービスが開発されており、セカンドライフを充実させる選択肢を増やせる可能性があります。また、このように住まいを資産として捉えなおすことで、不動産（建物、土地）の再活用を促すことになれば、「空き家問題」という社会課題の解決や、SDGs（持続的な社会の実現）への貢献という観点でも意義があるといえます。

「資産」と「負債」と「純資産」について教えてください。

A22

■ 家計の「資産」と「負債」とは何？

家計における「資産」とは何でしょうか。資産は、【図表22-1】にあるように現金や預金もありますし、株式や投資信託などの有価証券もあります。そして、自宅を所有している人は不動産という資産を持っていることになりますが、家を借りて住んでいる人は、自宅はその人の資産ではありません。また、車や高級時計、骨とう品なども資産となります。

一方で、負債の代表的なものは住宅ローンです。住宅ローンで自宅を購入した場合は、土地・建物などのという資産を手に入れると同時に、負債として住宅ローンが加わります。

また、資産から負債を差し引いた金額を「純資産」といいます。

図表22-1　資産・負債の関係

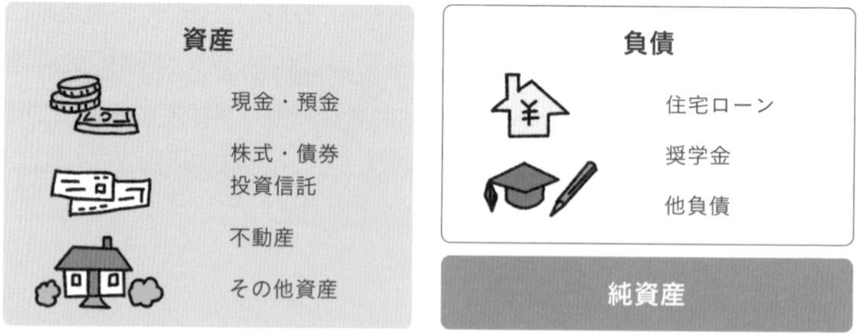

（出所）三井住友トラスト・資産のミライ研究所作成

■ 家計の状況はどうやって見る？

　具体的な例で、家計の状況の分析をしてみましょう【図表22-2】。

　資産は現金・普通預金、定期預金、財形貯蓄、投資信託、貯蓄型の保険を合わせて800万円、不動産が2,000万円、その他車もあり100万円、合計で2,900万円です。

　一方で、負債側は住宅ローンの借入残高が3,000万円あります。

　資産と負債の差は「2,900万円－3,000万円 ＝ ▲（マイナス）100万円」となり、これが純資産となります。マイナスになっていることが不安になるかもしれませんが、この時点で純資産がマイナスであることが直ちに悪いわけではありません。今後の収入や積み立て計画、ローンの返済計画がしっかり立っていれば、自ずと資産は積み上がり負債は減っていきます。

図表22-2　家計のバランスシート（資産と負債の棚卸し）

資産		負債		
現金・普通預金	300 万円	住宅ローン	借入残高	3,000 万円
定期預金	100 万円		借入残期間	30 年
財形貯蓄	200 万円		現在の利率	1.5%
投資信託	100 万円	教育ローン		
株式		自動車ローン		
持株会		カードローン		
債券（国債等）		奨学金		
不動産	2,000 万円	その他		
貯蓄型の保険	100 万円			
その他（車等）	100 万円			
合計（A）	2,900 万円	合計（B）		3,000 万円
	金融資産は 800 万円	純資産（A）－（B）		▲ 100 万円

（出所）三井住友トラスト・資産のミライ研究所作成

この表を「家計のバランスシート」と呼びます。家計の現状を分析・実態を把握するうえでとても役に立つ表です。

■ 家計の状況を見るもう一つの表は？

「家計のバランスシート」は「ある時点」での家計の状況を示すものですが、「ある期間」において家計運営が順調だったかどうかを確認するためにとても役立つ表が「家計の損益計算書」です。

【図表22-3】の家計の損益計算書にあるように、1年間の収入と支出について項目ごとに金額として把握し、家計がどうなっているのか（赤字な

図表22-3　家計の損益計算書（収入と支出の棚卸し）

項目		年額（概算）
収入	あなたの可処分所得（手取り収入） ※可処分所得＝収入－（所得税・住民税＋社会保険料）	560万円
	ご家族（配偶者等）の給与や家賃収入等、給与以外の収入	0円
	収入合計（A）	560万円
支出	日常生活費　水道光熱費・食費・通信費・雑費等	300万円
	教育費用　学費・給食費・修学旅行費・塾・習い事費等	
	住宅費用　住宅ローン・維持費・家賃等	100万円
	イベント費用　旅行・祝い事等	10万円
	保険料　生命保険・損害保険等	30万円
	非消費支出　税金等	10万円
	その他　医療費・交際費等	40万円
	支出合計（B）	490万円
1年間の収支（A）－（B）		70万円

これが家計上の資産になるはずだが…

（出所）三井住友トラスト・資産のミライ研究所作成

のか、黒字なのか）を確認します。収支がプラスになっていれば家計は黒字で、剰余が生じていますので、家計の資産は積み上がっていき、負債は減っていきます。逆に、マイナスになっている場合（家計が赤字）や、収支はプラスではあるもののその内訳で使途不明金額がある場合は、家計の支出を見直すことが必要となります。

　家計の資産・負債・純資産の状況を家計のバランスシートで見つつ、家計の損益状況も確認し、家計が改善しているのか、悪化しているのか、定期的に把握していくことが大切です。

■ 家計の管理・分析を上手に行うコツ～家計簿アプリの活用～

　家計の管理として、とても難しいことをしているように見えますが、現在ではこれらの家計把握を簡単に行う家計簿アプリが登場しています。

　家計簿アプリに自身の銀行や証券会社などの口座、クレジットカードの情報を登録すると、家計のバランスシートに自動で反映してくれます。また、月々の収入支出も、自動で集計し作成できますので、家計の収支状況も容易に確認することができます。

　家計簿アプリなどのサービスも使いつつ、是非、家計の見える化に取り組んでみましょう。

「相続・贈与に係る税制や特例」について教えてください。

A23

　将来の老後資金以外に、子どもの教育費や家族のための広いマイホーム、楽しい旅行など、ゆとりのある暮らしを願って多くの方が資産形成に取り組まれていますが、せっかく積み上げた資産に関して、もし一家の大黒柱が亡くなるようなことがあると、遺族は相続やその税金に直面することになります。また、それ以前の資産形成中に、相続や贈与を受ける立場になることも想定されます。

　ミライ研が実施したアンケート調査において、「相続を受けたことがある」と回答した方1766人に対して、相続した資産規模について尋ねたと

図表23-1　相続を受けた資産額

(%)　(万円)

	回答者数	～50万円未満	50万円以上～100万円未満	100万円以上～500万円未満	500万円以上～1000万円未満	1000万円以上～2500万円未満	2500万円以上～5000万円未満	5000万円以上～1億円未満	1億円以上～5億円未満	5億円以上	わからない、答えたくない	平均値
TOTAL	1766	4.0	4.7	15.1	12.8	14.0	6.5	2.9	1.7	0.2	38.2	2,346
20代	128	8.3	11.6	12.8	32.2	8.0	1.2	0.1	0.6	0.0	25.2	906
30代	117	15.0	3.2	22.0	12.9	3.6	5.1	2.3	0.5	2.0	33.4	2,628
40代	208	4.6	11.1	20.3	12.1	6.1	5.3	2.4	1.1	0.2	36.9	1,677
50代	494	4.8	2.4	15.9	8.2	15.5	6.1	2.7	2.8	0.0	41.6	2,850
60代	819	1.1	3.5	12.7	12.7	17.5	8.1	3.7	1.5	0.0	39.1	2,463

(出所) 三井住友トラスト・資産のミライ研究所「住まいと資産形成に関する意識と実態調査」(2022年)

ころ、【図表23-1】の結果となりました。

　相続資産額の平均は約2,346万円でした。年代別の相続額の平均値をみてみると、相続資産額1億円以上の比率の多寡によって、平均額にも差が生じているようです。しかし、ポイントは、平均額の多寡ではなさそうです。「相続」によって受け取った資産であることから、相続時年齢の老若は関係がなく、若い世代であっても「1人の相続人」として資産を受け継ぎますので、相応の受け取り資産規模となっていると考えられます。

　そこで、Q23では、次世代への承継も含めた資産形成の要点として、相続税と贈与税の基本と各種の非課税措置の概要を解説します。

■ 相続税・贈与税の基本

（1）相続税

　相続税は、相続等によって財産を受け取った場合に、その受け取った人に課される税金です。

　相続とは、親が子孫に資産を残し引き継がせることですが、資産を承継させることができると思えばこそ、親は一生懸命働き、資産形成に取り組む面もあります。一方で、相続の際に税金が課せられないとすると、受け取る側は、相続という「不労所得」が入ることで、その後の人生に変化が生じる方もでてきそうです。こうなると、相続の有無によって格差が固定化してしまうことにもつながりますので、それを緩和する役割を相続税は担っています。

　相続税は、相続した財産の価額が大きいほど税率が上がる累進税率を適用することで、それぞれの家庭の経済格差の固定化の防止につながる資産の再分配機能を担っています。さらに、経済基盤の弱い家庭の遺族の負担とならないように、相続した財産の価額から、基礎控除といわれる一定の額や、債務、葬式費用、死亡保険金等の非課税財産等を差し引いた残りに課税される仕組みとなっています【図表23-2・23-3】。

図表23-2　相続税の概要

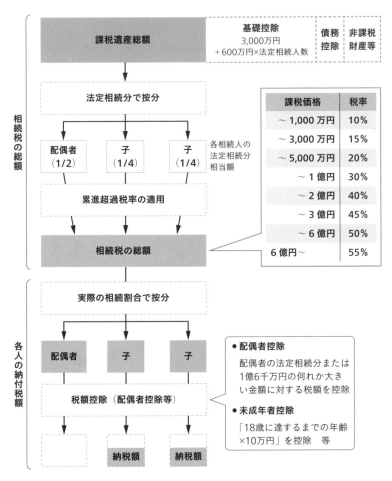

（出所）三井住友トラスト・資産のミライ研究所作成
※2023年3月31日時点

図表23-3　死亡保険金の非課税限度額（非課税財産）

被相続人の死亡によって相続人が取得した生命保険金や損害保険金で、その保険料の全部または一部を被相続人が負担していたものは、相続税の課税対象となりますが、以下の算式を超える場合に限られます。

$$500 万円 \times 法定相続人の数 = 非課税限度額$$

（出所）三井住友トラスト・資産のミライ研究所作成

（2）贈与税

　贈与税は、個人から財産をもらったときに、受け取った人に課される税です（なお、会社など法人から財産をもらったときは贈与税ではなく所得税がかかります）。

　贈与税の目的は、相続税と共通で、「贈与による経済格差の拡大」を是正する効果が期待されていますので、贈与税に関する事項は「相続税法」に定められています。このことから、贈与税は「相続税を補完する税」ともいわれています。

　相続税は、相続発生時の財産に課税されることから、例えば、生前のうちに家族に全財産を譲渡しておけば課税されずにすみそうに思います。贈与税には、こうした課税逃れを防ぐ機能があります。

　贈与税の課税方法には、「暦年課税」と、一定の要件に該当する場合に選択できる「相続時精算課税」の2種類があり、後者については、一定規模の財産の次世代への早期移転による経済の活性化が期待されています。

①暦年課税

　暦年課税の場合の贈与税は、1人の受贈者が、1年間（1月1日から12月31日まで）にもらった財産の合計額から基礎控除の110万円を差し引いた残りの額にかかります。したがって、1年間にもらった財産の合計額が110万円以下であれば贈与税はかかりません。この場合は贈与税の申告も不要です。

　なお、暦年課税をある程度の長期間実施すれば、相続税の金額にも影

響が生じてきますが、贈与者と受贈者の間のしっかりした意思確認や、客観的に示せる記録の保存、贈与された財産の実際の管理を受贈者が行うことなどに注意する必要があります【図表23-4・23-5】。

図表23-4 暦年課税の概要

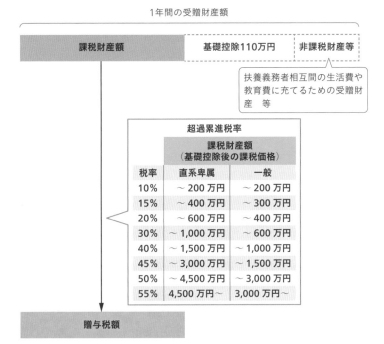

（出所）三井住友トラスト・資産のミライ研究所作成
※2023年3月31日時点

図表23-5　暦年課税と相続税の具体例

前提
- 相続財産が1億円（課税価格の合計額、現預金のみ）
- 法定相続人が子2人の場合

①贈与（暦年課税）しない場合

| 贈与税額：— | 合計770万円 |
| 相続税額：770万円 | |

②贈与（暦年課税）した場合
（毎年110万円×10年×子2人）

| 贈与税額：0万円 | 合計440万円 |
| 相続税額：440万円 | |

330万円の差

（出所）三井住友トラスト・資産のミライ研究所作成
※2023年3月31日時点

②相続時精算課税

　贈与者ごとに、その年の1月1日から12月31日までの1年間に贈与を受けた財産の価額の合計額から、2,500万円の特別控除額を控除した残額に対して、一律20%が課税されます。この特別控除額は、贈与税の期限内申告書を提出した場合のみ控除することができます。前年以前にこの特別控除の適用を受けた金額がある場合は、2,500万円からその金額を控除した残額が、その年の特別控除限度額となります【図表23-6】。

　なお、相続時精算課税を選択できるのは、贈与者が60歳以上で、受贈者が18歳以上の贈与者の直系卑属の推定相続人や孫である場合に限られます。

図表23-6　相続時精算課税制度の具体例

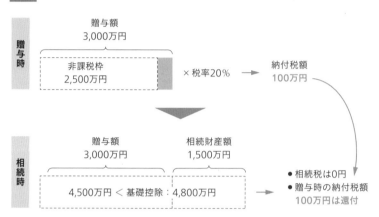

前提 3,000万円を生前贈与し、1,500万円を遺産として残す場合の計算例
（平成27年1月1日以降の相続で、法定相続人が配偶者と子2人の場合）

贈与時

贈与額
3,000万円

非課税枠
2,500万円　×税率20%　→　納付税額
100万円

相続時

贈与額
3,000万円　　相続財産額
1,500万円

4,500万円 ＜ 基礎控除：4,800万円　→
● 相続税は0円
● 贈与時の納付税額
100万円は還付

（出所）三井住友トラスト・資産のミライ研究所作成
※2023年3月31日時点

③贈与税の非課税措置

　政策的な見地から、贈与税には一定の要件による非課税措置が設けられており、資産形成の大きな力として活用することができます。これらは、主に、人生の大きなライフイベントへの取組みを終えて、ある程度の資産形成ができている祖父母・親世代から、これから大きなライフイベントに取り組んでいこうとしている子・孫世代への支援が目的の制度です。

　人生における節目のライフイベント（教育・結婚・子育て・住宅取得など）に対して、世代をまたいでの資金援助を行うにあたって、一定の条件を満たすことで贈与税を一定の範囲で非課税の取扱いにすることにより、世代間の資産移転を円滑に進めることを目的としています（主な制度については【図表23-7】をご覧ください）。

　例えば、祖父母、両親など、上の世代から下の世代に対する贈与の特

図表23-7　贈与税に関する主な非課税制度一覧

制度		支援の目的	贈る側と受ける側（誰から誰へ）	内容	根拠法・期限など
暦年贈与	毎年一定額を支援したい	多目的	〈一般的には〉祖父母・親から子・孫へ	贈与について1年間に110万円以内であれば贈与税が課税されない（基礎控除）	贈与税の暦年課税
教育資金の一括贈与	教育資金をまとまった金額で支援したい	教育	祖父母・親から直系かつ30歳未満の子・孫へ	●贈与を受けるのは直系かつ30歳未満の子か孫であること ●教育資金に限定されること ●金融機関との一定の契約を行い教育資金口座の開設等をすること ●対象者1人あたり最大1,500万円まで贈与税が非課税	「教育資金の一括贈与に係る贈与税の非課税措置」適用期限：2026年3月31日となる見通し
結婚・子育て資金の一括贈与	結婚・子育て資金をまとまった金額で支援したい	結婚・子育て	祖父母・親から直系かつ18歳以上50歳未満の子・孫へ	●贈与を受けるのは直系かつ18歳以上50歳未満の子か孫であること ●結婚・子育て資金に限定されること ●金融機関等との一定の契約に基づき当該資金口座を開設すること ●1,000万円まで贈与税が非課税	「結婚・子育て資金の一括贈与の特例」適用期限：2025年3月31日となる見通し
住宅取得資金の贈与	住宅取得または増改築等の支援をしたい	住宅取得または増改築等	祖父母・親から直系の子・孫へ	●贈与を受けるのは直系の子か孫であること ●贈与を受けた年の翌年3月15日までに住宅を新築や取得していること ●贈与を受けた年の翌年3月15日までにその家屋に居住すること又は遅滞なく居住することが見込まれること ●ケースによって異なるが、最大1,000万円まで非課税（贈与税が0円でも必ず申告が必要）	「住宅取得等資金の贈与税の特例」適用期限：2023年12月31日

（出所）三井住友トラスト・資産のミライ研究所作成
※2023年3月31日時点

例として、「教育資金の一括贈与に係る贈与税の非課税措置」があります。2013年のスタート以来、2021年3月には、累計契約数が約24万3,000件、累計贈与財産額は約1兆8千億円と大変活発に制度が利用されています。国も、祖父母や両親の資産を早期に若年世代に移転させることで、経済を活性化させるという制度設立趣旨が十分に理解され活用されている制度の1つと考えられているようです。

　なお、各非課税措置には期限があります。期限後の更新の取り扱い等については、国税庁のWebサイト等でご確認ください。

第 3 章

「人生 100 年時代」の
「資産の管理・活用策」とは？

長くなった老後（退職後）を支える「資産」や
「年金等の水準」を考えることが、なぜ大切なのですか？

A24

　現在の日本は世界でトップの長寿国です。寿命が延びてもずっと働き続け
けて、生活の資金を勤労から得られれば良いのですが、ある時点で「もう
リタイア（退職）したい」という人もいます。そのため、私たちは生きて
いる間の生活資金が尽きないように備える必要があります。難しくいえ
ば、自身の「生物としての寿命」と「家計資産の寿命」について、マッチ
ングさせることがとても重要になってきたということです。

　資産の寿命を考えるうえで重要な要素が、「資産」と「年金」です。

　ここでいう「資産」とは「蓄え（ストック）」のことです。老後に資産を
取り崩していくには、取り崩す蓄えが必要です。それが尽きたら資産寿命
が来てしまいます。

　「年金」とは、ここでは「収入（フロー）」のことです。「蓄え」は生活し
ていけば減っていきますが、老後には年金による収入が入ってきます。年
金を、生活を送るための資産にあてることで、資産寿命を延ばすことがで
きます【図表24 - 1】。

　人生100年時代においては、資産寿命を意識し、老後に向けてどれだ
け「資産」を準備しておくべきか、また老後にはどれだけの「年金」等が
受け取れるのか、を考えておくことが必要です。

　ではもう少し具体的に、長くなった老後の「資産」「年金」をイメージ
できるデータを確認しましょう。

■ 長寿社会の「資産寿命」をどう考える？

　人生100年時代といわれますが、人はどれだけ長く生きるでしょう

図表24-1 個人における収入源の推移イメージ

収入の柱 | 給与／事業所得など | 年金
現役 | 老後

（出所）三井住友トラスト・資産のミライ研究所作成

図表24-2 寿命にまつわるさまざまな統計データ

	意味	2021年の数値
①平均寿命	すべての人が生存する平均年数	男性 81.47 歳 女性 87.57 歳
②平均余命	特定の年齢において、あと何歳生きられるかの平均年数	60歳時点 男性 24.02 年 女性 29.28 年
③死亡年齢最頻値	死亡者数を年齢ごとに分布したときに最も人数が多い年齢	男性 88 歳 女性 93 歳

（出所）厚生労働省「令和3年簡易生命表の概況」より三井住友トラスト・資産のミライ研究所作成

か。このデータには、実は色々な尺度があります。代表的なものが【図表24-2】です。

　「平均寿命」は「若くして亡くなる人」も含めての「平均」ですので、みなさんがイメージされる寿命よりも短く感じるかと思われます。そこで最近は「死亡年齢最頻値」が使われるケースが増えてきました。一般的にライフプラニングにおいては、「寿命までに老後資産が枯渇するリスク

（資産寿命リスク）」に備える必要がありますので、平均より長めに計画することが望ましいと考えられます。

■ 老後資金として必要と考える金額とその準備状況は？

今の大人の老後資金準備状況や老後の「資産」「年金」の想定は、どの程度でしょうか。

まずは、老後の資産をどれくらい持っておくべきかについてお伺いしたミライ研のアンケート調査によると、60代に至るまで、4割程度の方が必要な資金のイメージがついていないという結果となりました【図表24-3】。

図表24-3　老後必要資金額の想定

(%)

	回答者数	特別な資金の用意は必要ない	1万円以上〜500万円未満	500万円以上〜1000万円未満	1000万円以上〜1500万円未満	1500万円以上〜2000万円未満	2000万円以上〜2500万円未満	2500万円以上〜3000万円未満	3000万円以上〜3500万円未満	3500万円以上〜4000万円未満	4000万円以上〜5000万円未満	5000万円以上	わからない、見当がつかない	平均値
TOTAL	11,197	12.8	4.8	6.6	6.2	8.2	7.8	4.6	3.5	1.7		3.9	39.9	1,753
20代	1,910	18.1	4.4	7.9	6.6	6.4	7.8	4.2	1.9	1.0		2.2	39.5	1,354
30代	1,982	15.6	5.1	6.8	6.4	7.7	9.7	4.0	2.9	1.4		3.3	37.1	1,594
40代	2,593	13.7	4.8	6.2	6.5	7.3	7.6	4.0	3.4	1.1		3.6	41.7	1,665
50代	2,482	10.0	4.9	6.5	5.5	9.5	6.7	4.4	3.4	2.0		4.2	43.0	1,877
60代	2,230	8.1	4.8	5.9	6.2	9.6	7.3	6.4	5.7	2.8		5.8	37.4	2,196

（出所）三井住友トラスト・資産のミライ研究所「住まいと資産形成に関する意識と実態調査」(2022年)

一方で、現在の準備状況はどうでしょうか。保有金融資産の状況は世帯によっても年代によってもばらつきがあることがわかります【図表24-4】。人によって支出水準も異なりますので、長生きにより、必要な資産も異なります。特に、老後になると一般的には肉体的にも衰えるため、現役のよ

うな勤労も難しくなり、大きな給与収入は見込みづらくなります。そこで、老後を迎えるにあたっての蓄えと、老後に勤労以外で入ってくる年金収入が、長い老後において大変重要な糧になるのです。

図表24-4　現在の保有金融資産

	500 ～ 700 万円 未満	700 ～ 1,000 万円未満	1,000 ～ 1,500 万円未満	1,500 ～ 2,000 万円未満	2,000 ～ 3,000 万円未満	3,000 万円以上	平均値	中央値
	%	%	%	%	%	%	万円	万円
40代	10.1	10.4	14.7	8.5	5.9	8.8	1,177	686
50代	9.5	10.6	13.5	6.6	12.5	15.9	1,955	1,000
60代	6.5	9.2	9.2	7.7	16.3	24.0	2,154	1,465

（出所）金融広報中央委員会　「家計の金融行動に関する世論調査（二人以上世帯調査）令和2年調査結果」より三井住友トラスト・資産のミライ研究所作成

　長生きに対しては、健康だけでなく、資産寿命も考えることが必要です。その資産寿命の重要な柱である「資産」の準備や「年金」制度の把握をしておきましょう。

年金制度について全体像を教えてください。

A25

　老後資金を支える年金制度ですが、ひとくちに年金といっても、さまざまな種類があります。

■ 年金の種類は？

　日本の年金制度は3階建てといわれています。1-2階は公的年金、つまり国の年金です。1階部分の国民年金は20歳以上が全員加入する制度で、2階部分の厚生年金保険は会社員や公務員など、勤めている人が加入する

図表25-1　年金制度の体系図

＊iDeCo（個人型確定拠出年金）は、任意で申し込むことにより公的年金にプラスして給付を受けられる私的年金のひとつです。
　加入している年金制度等によって、加入要件や掛金の上限額等が異なります。
（出所）三井住友トラスト・資産のミライ研究所作成

年金です。3階部分は会社が用意してくれる企業年金や、自分で加入する個人年金などさまざまな器があります【図表25‐1】。

■ (1-2階) 公的年金はどんな仕組み？何のためにあるの？

　公的年金は、世代間の「仕送り」を制度化したものといえます。これは「賦課方式」と呼ばれ、公的年金の財布に現役世代が納め、老後世代が受け取る方式です。厳密には、この現役世代が納めた年金保険料に加え、積立金を保有・運用しており、それも年金支給の原資と考えています（そのため修正賦課方式といいます）。さらに、税金も一部投入されています。

　また、年金は老後のためだけのものではなく、例えば、一定の障害を負った場合には「障害年金」として、現役世代であっても要件を満たすことで年金を受給することができる仕組みになっています。また、年金加入者の死亡に伴って、遺族への「遺族年金」が支給される仕組みもあります。

　以上のことから、公的年金は保険的な機能を有しています。長寿社会において、終身で年金を受け取れるのは「長生きリスク」への備えといえますし、障害年金は自身やご家族らの「障害」への備え、遺族年金は「生計を一にしていた人の死亡」に備えることができるといえます。

■ (3階) 企業年金・個人年金はどんな仕組み？ 何のためにあるの？

　企業年金は、その名のとおり、企業が従業員のために実施する制度です。主には確定給付企業年金（DB）、確定拠出年金（DC）があります。

図表25-2　企業年金・個人年金制度の全体像

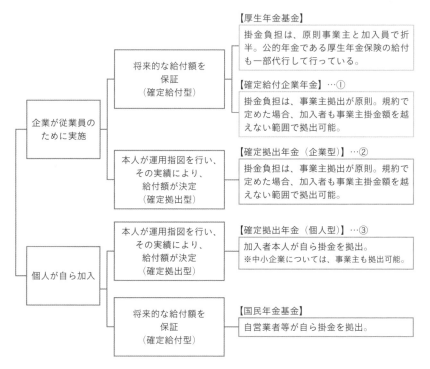

（出所）厚生労働省『年金制度基礎資料等』（2023年1月）をもとに三井住友トラスト・資産のミライ研究所作成

①確定給付企業年金（DB：Defined Benefit Plan）

確定給付型はその名のとおり、一定の条件における将来的な給付額が確定している方式です。考え方としては、公的年金に近い制度です。

②確定拠出年金（企業型）（DC：Defined Contribution Plan）

一方で、確定拠出型（DC）は、会社が拠出する掛金が決まっており（例えば全員一律、もしくは年次・役職・などに応じて）、それを従業員が自身の意思で、個人のDC口座内で運用することができます。運用成果は人それぞ

れ異なりますので、受給額は一人ひとり異なることになります。そして60歳以降の退職時に受け取ることができるようになります。60歳までは引き出すことが原則できないことがポイントです。つまり、「老後のためのお金」として、鍵がしっかりかかっている制度です。

　なお、これらの企業年金制度は、すべての企業が導入しているわけではなく、企業によって導入状況が異なります。また、DB・DCどちらか択一というわけでもありません。会社の人数規模別の企業年金導入状況は【図表25 – 3】のとおりです。

図表25–3　従業員人数規模別の企業年金制度導入状況

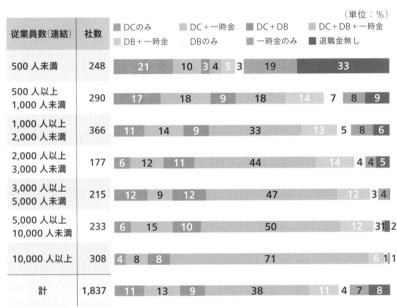

(単位：％)

従業員数（連結）	社数	DCのみ	DC＋一時金	DC＋DB	DC＋DB＋一時金	DB＋一時金	DBのみ	一時金のみ	退職金無し
500 人未満	248	21	10	3 4 5	3		19		33
500 人以上 1,000 人未満	290	17	18	9	18	14	7	8	9
1,000 人以上 2,000 人未満	366	11	14	9	33	13	5	8	6
2,000 人以上 3,000 人未満	177	6	12	11	44	14	4	4	5
3,000 人以上 5,000 人未満	215	12	9	12	47	12		3	4
5,000 人以上 10,000 人未満	233	6	15	10	50	12		3 1	2
10,000 人以上	308	4	8	8	71		6	1	1
計	1,837	11	13	9	38	11	4	7	8

（注）上記は東証プライム上場企業1,837社（2022年7月31日現在の有価証券報告書提出済企業）について、2022年7月1日時点の退職給付制度実施状況を各社有価証券報告書及び時事通信社が調査・公表しているDC承認規約代表企業一覧（2022年5月31日現在）と照らし合わせて、三井住友信託銀行にて作成したもので一部推定を含みます（有価証券報告書において「一部の連結子会社のみで実施」という場合は対象外とし（持株会社は個別に判断）、一方、有価証券報告書にDCに関する記載がない場合でも、DC承認規約代表企業一覧に記載されているとき及びプレスリリースでDCを実施する旨公表したときは実施企業にカウントしています）。なお、統計上の制約からDBについては自社で実施する厚生年金基金は含み、総合基金は含みません。また、総合基金・中退共等は、退職金の外枠として扱われることも多いため、実施制度の集計の対象外としています。従って、例えば「一時金＋総合基金」の場合は「一時金100％」にカウントしています。
（出所）三井住友信託銀行作成

また、企業ベースではなく人数ベースでも見てみると、現在では確定拠出年金（DC）の加入が進んでおり、人数では確定給付企業年金（DB）に迫る勢いであることがわかります【図表25-4】。

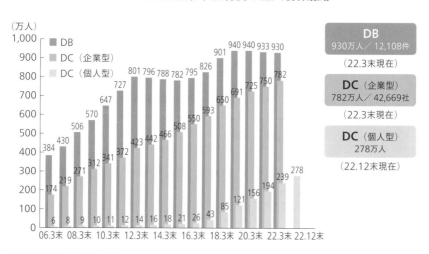

図表25-4　主な企業年金制度の加入者数推移

（出所）厚生労働省、企業年金連合会、国民年金基金連合会、信託協会の公表データをもとに三井住友信託銀行作成

③確定拠出年金（個人型）

　この確定拠出年金には企業主体で実施するものだけでなく、個人が実施する個人型というものもあります。これは「iDeCo（individual-type Defined Contribution pension plan）（イデコ）」という愛称で呼ばれており、【図表25-4】の緑色のグラフのとおり企業型同様に直近で大きく加入者を伸ばしている制度です。

　仕組みは企業型のDCと同様ですが、掛金を会社ではなく個人が口座振替・給与天引きで拠出します。税優遇のメリットがあることが、現役世代に対する人気の一因になっています。

形成した資産を取り崩す際の考え方と計画の策定はどのように行えばよいですか？

A26

Q24では「安心な老後に向けて資産をどう形成するか」ということについてお伝えしましたが、一方で、形成した資産を老後にどう活用していくか、という部分をイメージしておくことも同じくらい重要です。

■ 老後における資産活用（資産の取り崩し）とは？

老後の資産活用にあたっては、資産の山を築く際に、同時にその取り崩し方にも目を向けておく必要があります。山登りも、行き（登り）のみを考えて計画を立てる人はいないはずですので、お金についても、どうすれば必要な期間、必要な金額を安全に取り崩せるかも含めて考えてみることが大切です【図表26-1】。

図表26-1　資産形成と資産取り崩しは一体

現役　　　　　　　　　　　　　　老後

（出所）三井住友トラスト・資産のミライ研究所作成

■「取り崩し」の際に押さえておきたいことは？

　資産を取り崩す時期を考える際に、"いつを人生の最終到達点と考えるか"は非常に難しい問題です。平均寿命、平均余命などの年齢を一定のゴールと考えて資産を準備する方法もありますが、とはいえ自身の寿命を確実に把握できる方はまずいないはずです。そのため、想定外の長生きを「リスク」と捉え、備える必要があります。

　これをふまえたうえで、「取り崩し」に際して押さえておきたいポイントは2つです。

　　①将来、年金がどの程度受給できるかの確認

　　②上乗せとしてどの程度必要かを検討

①将来、年金がどの程度受給できるかの確認

　老後の収入の柱は「年金」です。年金にはいくつかの種類がありますので、それぞれの機能をふまえつつ、長生き「リスク」への対策を考えましょう。

　公的年金は、基本的に「終身」で受け取ることができますので、長生きリスクへの備えとして大変有効です。しかしながら、公的年金だけでは、ゆとりある生活を賄える水準とはいかないケースも多いようです。そのような場合には、別の収入を作っておくことや、公的年金の受け取りを繰り下げるなどして受給額を増やすことも、有力な選択肢といえます。よく、公的年金の繰り上げ・繰り下げについて、「損得勘定」で語られることがありますが、基本的には、公的年金の位置づけは"長生きリスクへの備え"という保険の機能として捉えるべきでしょう。

　私的年金のうち企業年金（確定給付企業年金）は、勤務先の企業の制度によります。有期型の年金であれば、一定期間にわたり受給できますが、これだけでは長生きリスクへの備えとして十分ではないかもしれません。一方、企業年金に終身年金の制度があれば、こちらも長生きリスクへの備え

となります。

　また、例えば個人で加入している年金保険などの個人年金も、年金で受け取ることで老後収入の支えになります。終身にわたり年金を受け取れる契約をしている場合は、こちらも長生きリスクへの備えとなります。確定拠出年金（企業型DC/個人型DC（iDeCo））で終身の年金保険を選択できることもあります【図表26−2】。

図表26−2　長生き「リスク」への備えと年金の受け取り方

例1：長生き「リスク」への備えとして、企業年金の終身受取り機能を活用する

例2：長生き「リスク」への備えとして、個人年金保険の終身受取りや公的年金繰り下げを行う
※公的年金繰り下げについてはコラム17参照

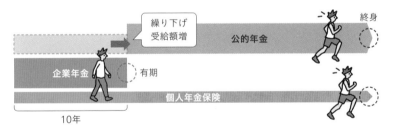

（出所）三井住友トラスト・資産のミライ研究所作成

②上乗せとしてどの程度必要かを検討

　ポイント①でお伝えした「年金」でも賄うことができない支出や、イベントへの出費などにも備えるためには、「自助」でどの程度の資産を積み

上げるのかを把握することが必要になりますが、そのためには「どう取り崩す計画にするか」ということを先に考える必要があります。

　支出がどのような水準になるかは、当然ながら世帯の形態やライフスタイルによって大きく異なります。自身のケースを考える一つの観点として、例えば、現役時代の暮らしぶりは参考になるでしょう。ミライ研のアンケート調査によると、退職前後と想定される50代・60代の「現在の生活費」と「老後生活費の想定」を比較したところ、【図表26−3】の2本の棒グラフのとおり、両者には正の相関がみてとれます。これはまさに、老後においても現役時代の生活水準を意識していることの表れだと考えられます。現在の生活費が毎月およそ25万円以上の方は、【図表26−3】の折線グラフのとおり、老後生活費を現在のおよそ7〜8割と想定しています。

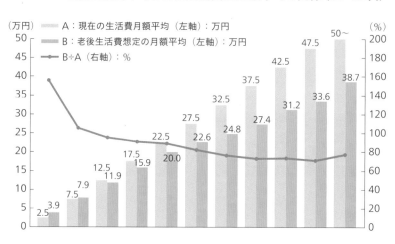

図表26-3　現役生活費平均と老後生活費想定額平均の関係（50・60代）

(出所) 三井住友トラスト・資産のミライ研究所「住まいと資産形成に関する意識と実態調査」(2022年)

　このうえで、年金収入だけでは足りない支出部分を、自身の蓄え（貯蓄等）で賄う必要があります。さらに、現実的には、「インフレーション

（インフレ）」、つまり物価上昇も考慮する必要があります。インフレは、言い換えると「お金の価値が目減りすること」ですので、インフレが進むと資産価値の目減りピッチが早まることになります。そのためインフレに負けないよう、可能であれば積立計画にインフレの影響を織り込んでおき、取り崩す段階でも積み上げた資産を活用（運用など）することで、資産価値を目減りから「守る」ことを考慮することもポイントとなります（詳しくは、Q27をご覧ください）。

　いずれにしても、人それぞれ生活スタイルも異なります。老後の就業状況や加入している年金・退職金の制度ならびに水準、それに伴う税制の要素も大事な考慮ポイントです。世間の平均像や通説は参考としつつも、自身にあった"長生きリスクへの備え"を考えてみるのがよいでしょう。

> **コラム16** **取り崩し期には「健康寿命」も考える**
>
> 　長寿社会における資産活用を想定する際、健康な状態で長生きをするケースばかりではありません。体力は加齢により低下しますし、介護のための費用などが必要になることもあり、これらも広義の「長生きリスク」であるといえます。特に住まいは、健常な時と同じ空間では生活が困難になるケースもあります。その場合は、住まいのバリアフリー化に向けたリフォームや、住み替えなどの選択も必要となります。
>
> 　加えて考慮しなければならないのが、「認知判断能力の低下」です。認知症になると銀行の預金などは引き出せなくなり、凍結されます。認知症の人口は年々増加しており、2030年には830万人に到達する見込みです。またそれに併って、凍結資産総額も増加し、2030年には314兆円に達する見込みです。長生きリスクを考えるにあたっては、「認知判断能力の低下」は、誰もが考慮に入れなければならないリスクとして押さえておく必要があります【図表コラム16－1】。

図表コラム16-1　認知症による凍結資産総額の予測

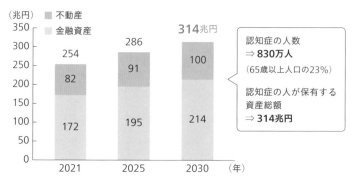

（出所）三井住友信託銀行作成

　この認知症に備える手段としては、【図表コラム16-2】のような解決策があります。例えば、手続き代理機能付信託（認知症発症後に、家族等が本人に代わって払出手続きできる信託）は、費用を抑えながら払出チェック機能も備えた手段として活用されています。

　認知症への備えにおいて、信託の機能は大変有効です。ここでは、老

図表コラム16-2　認知判断能力の低下に備えるには

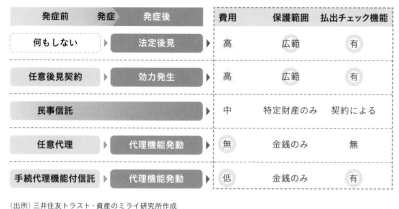

（出所）三井住友トラスト・資産のミライ研究所作成

後の資産（ストック）を運用しながらも、認知症に備えることができる
サービスで、三井住友信託銀行の取り扱っている「人生100年応援信託

図表コラム16−3　三井住友信託銀行の信託サービス
　　　　　　　「人生100年応援信託〈100年パスポートプラス〉」の仕組み

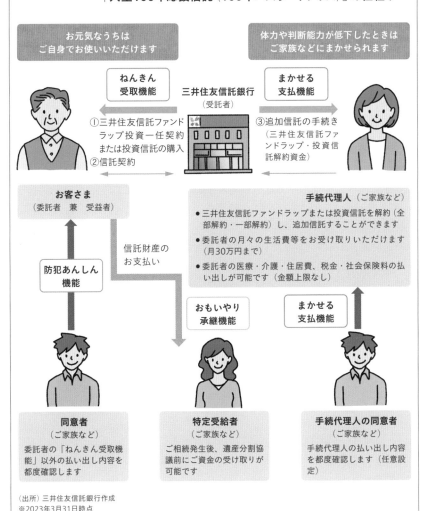

（出所）三井住友信託銀行作成
※2023年3月31日時点

〈100年パスポートプラス〉」を例に説明します。これは、お元気なうち
は本人が資金の運用や受け取りをすることができ、体力や判断能力の低
下時には、ご家族などの「手続代理人」が必要に応じて投資商品（三井
住友信託ファンドラップ・投資信託）を解約、現金化し、ご本人の生活資
金等として、払い出すことができる仕組みとなっています。万が一の認
知判断能力低下にも備えつつ、長生きに備えた資産運用を行うことがで
きるため、認知症に備えた新しい金融サービスとして社会から高い支持
を得ています【図表コラム16−3】。

コラム17　年金の繰り上げ受給・繰り下げ受給の考え方

老後における資産の取り崩しを考えるにあたって、公的年金という大
きな収入源をどう捉えるかは大きな問題です。

公的年金は老後収入の柱

公的年金は、老後の収入の柱ですが、公的年金以外にも、老後も働い
て勤労収入を得るという選択肢があります。また、それ以外にも企業を
退職した際の退職金・企業年金・確定拠出年金（DC）や、個人で加入
できる年金保険などが、老後の収入の柱としてあります。

では、老後収入のなかで公的年金をどう位置付ければよいのでしょう
か。これは人それぞれ違いますが、まずはこの公的年金の特性を知って
おく必要があります。

公的年金の特性って？

1つ目は、公的年金の受け取れる「水準感」です。公的年金は基本的
に老後生活のすべてをカバーできるほどの金額をもらえるとは限りませ
ん。所得代替率という言葉がありますが、公的年金のもらえる水準は現
在、現役世代の所得平均の約6割程度といわれています【図表コラム17−1】。

図表コラム17-1　所得代替率の計算

$$\frac{\text{老齢世代の夫婦2人の公的年金額　22.0万円}}{\text{現役世帯の手取り収入　35.7万円}} = 61.7\%$$

※夫：会社員＋妻：専業主婦　片働きの前提
※数値は令和元年度

(出所) 厚生労働省 2019（令和元）年財政検証結果レポートをもとに三井住友トラスト・資産のミライ研究所作成

　なお、この所得代替率の数値は全員に当てはまるものではありません。【図表コラム17-2】のとおり、所得が多い人ほど将来もらえる年金は多い（年金月額：オレンジ線）ものの、その年金額が現役時代の所得水準をカバーできる範囲（所得代替率：緑線）は下がることがわかります。

図表コラム17-2　賃金水準（1人あたり）別の年金月額及び現役時の賃金比較

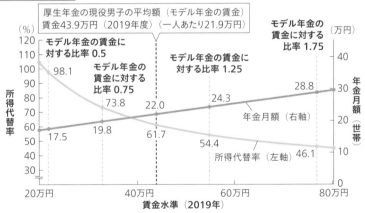

(注1) 年金月額は、新規裁定者の水準。
(注2) どの世帯類型も、可処分所得割合を0.814として所得代替率を計算している。
(出所) 厚生労働省 2019（令和元）年財政検証結果レポートをもとに三井住友トラスト・資産のミライ研究所作成

2つ目は、受け取れる「期間」が終身年金であることです。企業年金や個人の年金保険でも終身で受け取れるものはありますが、退職金や大半の企業年金などは、一時金や有期年金での受け取りが多くなっています。一方、公的年金は想定以上に長生きした場合でも生きている間中、ずっと受け取り続けることができます。

　3つ目は、「受け取り開始年齢」です。これは65歳が原則であるものの、60～75歳の間で受け取り開始時期を選ぶことができます。これは少し特徴があり、65歳よりも早く受け取る（つまり繰り上げ受給をする）と、繰り上げ月数×0.4％相当が、支給金額から減額されます。反対に65歳よりも遅く受け取る（つまり繰り下げ受給をする）と、繰り下げ月数×0.7％相当が支給額に上乗せされます【図表コラム17-3】。

図表コラム17-3　公的年金の繰り上げ受給・繰り下げ受給の仕組み

（出所）三井住友トラスト・資産のミライ研究所作成

公的年金における老後収入の位置づけは？

　さて、ここまで見てきた公的年金の特徴を整理します。
　①老後資金をすべて賄えるほどの水準ではなさそう
　②終身でもらえるので長生きした場合でも受け取り続けられる
　③繰り上げ・繰り下げ受給を選ぶことができる

これらの特徴をふまえて、老後年金の柱にすることを考えてみましょう。

　例えば、セカンドライフに必要な金額は【図表コラム17－4】のようなデータがありますが、これらをカバーできるだけの当面の公的年金以外の資金や企業年金があったとします。アクティブに活動ができる期間はある程度蓄えた資産を主な原資に充実した人生を送る一方で、想定以上に長生きをすると自身は働き続けられないので、資金が枯渇するかもしれません。その場合に、公的年金を繰り下げしておくと、年金受給額が増えるため、生活費を公的年金で賄える割合が上がります。

図表コラム17－4　セカンドライフに必要な生活費（統計）

セカンドライフに必要な生活費	月額	年額
最低日常生活費	22 万円	約 266 万円
平均的な生活費	30 万円	約 362 万円
ゆとりある生活費	35 万円	約 419 万円

（出所）・最低日常生活費・ゆとりある生活費：生命保険文化センター「令和元年度　生活保障に関する調査」
　　　　老後を夫婦二人で暮らしていくうえで必要と考える費用（月額）60歳代平均
　　　・平均的な生活費：総務省「家計調査」二人以上の世帯のうち無職世帯（65～69歳）2015～2019年平均

　人によりライフプランはさまざまですが、上記の公的年金の特徴をふまえて、賢い受け取りの選択を考えるとよいかもしれません。

Q27 インフレーション・デフレーションについて教えてください。

A27

　ここまで、老後における資産の取り崩しについてお話ししてきましたが、この議論において欠かせないのが、インフレーション・デフレーションです。この言葉自体は学校の授業で取り上げられていると思いますが、老後の資産寿命を考えるうえでは、大変重要です。

■ お金の価値は一定ではない！

　日本国の1万円札は、いつでも「1万円札」であって、その購買力はかわりない、と思いがちです。それは、半分は正しく、半分は間違っています。確かにお金は、原則として額面金額どおりで流通し交換されますが、お金の実質的な価値は変動しています。

　例をあげてみましょう。現在10万円で購入できるスマートフォンの機種があるとします。今買いたい気持ちをぐっとこらえ、1年後に買うことにします。しかしながら、1年後には同機種は値上げされ、12万円になっていました。モノ（今回でいえばスマートフォン）が値上がりしたことで、お金の価値は相対的に下がってしまったことになります。このように、モノの価格が上がりお金の実質的な価値が下がることをインフレーション（インフレ）と呼びます。一方で、1年後に値下げされ、9万円になっていたとしたら、10万円でおつりがきますので、お金の実質的な価値は上がったことになります。これをデフレーション（デフレ）と呼びます。

図表27-1　インフレーション・デフレーションの仕組み

インフレーション（インフレ）

現金10万円　商品10万円

＝

1年後…

現金10万円　商品12万円

＜

10万円のままだと同じ商品が買えない…

お金の価値は **下がる**

デフレーション（デフレ）

現金10万円　商品10万円

＝

1年後…

現金10万円　商品9万円

＞

10万円でおつりがくる

お金の価値は **上がる**

（出所）三井住友トラスト・資産のミライ研究所作成

■ インフレは悪いこと？

　インフレは、同じお金で買えるモノが少なくなる（買えたものが買えなくなる）という点をみれば、悪いことのように感じられます。一方で、経済全体を考えてみると、どうでしょうか。

　インフレはモノやサービスの価格が上がることですが、価格上昇が起きることで企業業績の向上が期待されます。企業業績がよくなれば、株価が上がりますし、その企業で勤めている従業員の給与にも反映されていきます。賃金が上がれば、消費マインドは上がりますので経済が刺激され景気がよくなります。2013年に日本政府・日本銀行が「物価上昇率2％のインフレを目指す」と表明し、継続して取り組んできているのは、このような景気の拡大効果を期待しているからです。

■ 老後生活においてインフレ・デフレを 考えることが重要なのはなぜ？

インフレは、言い換えると「お金の価値が目減りすること」ですので、インフレが進むと資産価値の目減りのピッチが早まることになります。日本は2000年以降、デフレ（物価の下落）が継続したこともあって、老後生活を想定する際にインフレの影響は限定的でしたが、今後のシミュレーションでは留意すべきです。

例えば、現在65歳で老後資金として2,000万円を準備しているケースにおいて、「公的年金の受給分は生活費として費消した上に、年100万円の生活費用を見込む」前提で、資産寿命（老後生活費を賄うために自助で準備した資金をリタイア後に取り崩していくと何歳まで持つか）をシミュレーションしたのが【図表27 − 2】です。

パターン①は、インフレがない環境（インフレ率：年0％）

パターン②は、緩やかにインフレをしている環境（インフレ率：年2％）

図表27-2　インフレの有無による資産寿命の違いについて

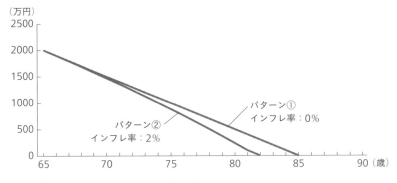

（出所）三井住友トラスト・資産のミライ研究所が試算・作成

インフレの影響を加味すると、同じ取り崩し計画でも、資産が早く枯渇してしまうことがわかります。勤労収入などを多くは見込めない老後の資金計画においては、インフレによる資産価値の変動を考慮しておくことが重要といえます。

第 4 章

「FINANCIAL WELL-BEING」・「SDGs」と金融の関わり

Q28 最近注目されている「ファイナンシャル ウェルビーイング（FINANCIAL WELL-BEING）」とは何ですか？

A28

　最近、「ファイナンシャル ウェルビーイング」という言葉を耳にする機会が増えてきました。

　近年、先進国において、住宅価格や生活費全般、教育費などが大きく上昇する一方で、社会・経済を支える中間層の所得は伸び悩み、経済的なストレスや将来に対する不安が高まってきているといわれています。そうした中、個人の経済的な健全性を確保し、将来の安定を図る「FINANCIAL WELL-BEING」という概念が注目されてきています。この概念をベースとして、国や企業、金融機関などを中心に、個人の金融リテラシーの向上、家計の管理や人生設計等を支援する取組みが進められてきています。

■「FINANCIAL WELL-BEING」とは？

　「FINANCIAL WELL-BEING」は、OECD（経済開発協力機構）においては、「（個人において）経済的な健全性が確保され、将来の安心が図られていること」と定義されています。英国の金融サービスに関する情報や教育、助言を提供する公的機関 Money and Pensions Service〈略称MaPS〉は、「Financial Well-beingとは、個人経済において、今日の支払ができ、不意の出費に対処でき、経済的に安心し管理できている状態で、簡潔にいえば、自信と能力がある状態である」と定義しています。米国のConsumer Financial Protection Bureau 〈CFPB〉（消費者金融保護局）は、「Financial Well-beingは、現在および継続的に経済的義務を果たすことができ、経済的安心を将来に感じることができ、人生を楽しむための選択ができる状態である」と定義しています。

■日本におけるFINANCIAL WELL-BEINGへの取組み

日本における「ファイナンシャル ウェルビーイング」への取組みはどうでしょうか。

一人ひとりが、自身の価値観・ライフスタイルに応じて「将来のライフイベントを適切に把握し、賢い意思決定により、お金に関する不安を解消させ、未来に向けて自律的に行動できる状態」が「ファイナンシャル ウェルビーイング」といえますが、日本でも、「ファイナンシャル ウェルビーイング」の向上に取り組む動きが広がってきています。

「ファイナンシャル ウェルビーイング」を、より具体的に考えてみます。個人のライフタイムの中では、資産形成期、退職前後、セカンドライフと、一人ひとりに、さまざまなライフイベントがあらわれてきます。よくビジネスの3大要素は「ヒト、モノ、お金」で構成されるといわれますが、個人においても自分自身の「人生の経営者」として、やはりビジネスと同様に「ヒト、モノ、お金」という3つの要素で、生涯を通じて発生する「金融資産と支出のギャップ」に対応していくことが必要になります。

【図表28－1】は、「ファイナンシャル ウェルビーイング」の全体像をあらわしています。

「お金」の観点では、「金融資産と支出のギャップ」の中でも典型的なものとして、人生100年時代、長くなったセカンドライフで公的年金だけでは不足が見込まれる収入を「自助」でどれくらい準備しておくかを想定し、資産形成期から計画的に積み立てておく、ということをあげています。

「モノ」の観点では、「金融資産と支出のギャップ」の中で代表的ともいえる、住宅購入時の住宅ローンと、その後のローン返済をあげています。持ち家派の場合には、住宅ローン返済があるため、賃貸派よりも資産形成期の貯蓄や積立投資に充てられる資金が少なくなるかもしれませんが、その一方で、持ち家を裏付け資産として、セカンドライフでキャッシュフローを創出する商品・サービスの活用（リバースモーゲージ）なども考えられます。さらに、住宅・家財といった「モノ」が火災や自然災害で喪失し

図表28-1 「ファイナンシャル ウェルビーイング」と本書での対応Q&Aの全体像 （【図表10-2】を再掲）

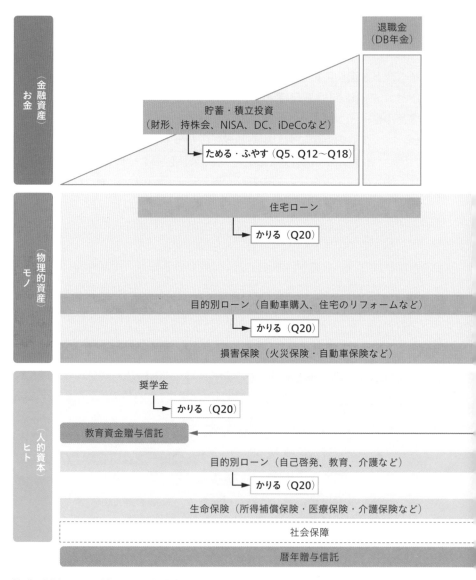

(出所) 三井住友トラスト・資産のミライ研究所作成

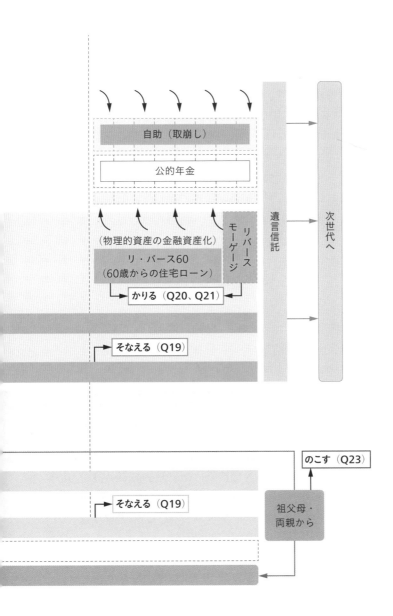

自助（取崩し）

公的年金

（物理的資産の金融資産化）

リ・バース60
（60歳からの住宅ローン）

リバースモーゲージ

遺言信託

次世代へ

かりる（Q20、Q21）

そなえる（Q19）

のこす（Q23）

そなえる（Q19）

祖父母・
両親から

た場合に発生する、「金融資産と支出のギャップ」に備えるような商品・サービスの活用（火災保険）も考えられます。

　「ヒト」の観点では、自分自身の稼ぐ力をアップするための就学・資格取得に必要となる資金を確保する商品・サービスの活用（例えば、奨学金、自己啓発・教育ローン）や働けなくなったときに備えるような商品・サービス（所得補償保険）も考えられます。

　このように「ヒト」「モノ」に関するものも、金融商品・サービスを介して「お金」と密接に関係しており、これらをトータルで賢く活用していくことが、益々、大切になってきているといえます。長い生涯を見通して、この「ヒト、モノ、お金」に関して発生するお金の過不足、とくに「長期」「多額」の過不足を把握して、それぞれに相応しい金融商品・サービスをスマートに活用して、お金に関する不安を解消していくことがファイナンシャル ウェルビーイングにとって大切であると考えられます。

　個人一人ひとりが「自分に相応しい金融商品・サービスを、スマートに活用」していくためには、「金融リテラシーの向上」が非常に重要となります。

　世の中で幅広く実効性を伴った形で「金融リテラシーの向上」を実現していくには、コロナワクチン接種でも効果を発揮したような「職域」という"場"での取組みや、「学校」という"場"での取組みがこれまで以上に重要になると考えています。この点については2022年に金融庁から公表された報告書「金融審議会　市場ワーキング・グループ　中間整理」でも言及されています。

　また、2022年6月に閣議決定された「新しい資本主義のグランドデザイン及び実行計画」では、新しい資本主義に向けた計画的な重点投資として「人への投資と分配」「科学技術・イノベーションへの重点的投資」「スタートアップの起業加速及びオープンイノベーションの推進」「GX（グリーン・トランスフォーメーション）及びDX（デジタル・トランスフォーメーション）への投資」を4本柱として掲げています。特に「人への投資と分配」への取組みとして、貯蓄から投資のための「資産所得倍増プラン」を

策定することが明記されました。この流れを受けて、内閣官房に設置された「新しい資本主義実現会議」において2022年11月に『資産所得倍増プラン』が決定されました【図表28-2】。

図表28-2　資産所得倍増プランの目標

（1）投資経験者の倍増
- 今後、5年間で、NISA総口座数（一般・つみたて）を**現在の1700万口座から3400万口座へと倍増させる**
- 必要となる法制整備を図る

（2）投資の倍増
- 今後、5年間で、NISA買付額を**現在の28兆円から56兆円へと倍増させる**

■ 上記を達成後、家計による投資額（株式・投資信託・債券等の合計残高）を倍増させる
■ 上記の目標の達成を通じて、長期的な目標としては資産運用収入そのものの倍増も見据えて政策対応する

（出所）内閣府「資産所得倍増プラン」より三井住友トラスト・資産のミライ研究所作成

　資産所得倍増プランの中では、その目標として「投資経験者の倍増（5年間でNISA総口座数を3400万口座にする）」と「投資の倍増（5年間でNISA買付額を56兆円にする）」の2つがKPI（Key Performance Indicator：重要業績評価指標）として掲げられました。また、この達成に向けて柱となる7つの取組みを「一体」として推進することがうたわれました【図表28-3】。

図表28-3　資産所得倍増プランの7つの柱

第一の柱	家計金融資産を貯蓄から投資にシフトさせる NISA の抜本的拡充や恒久化
第二の柱	加入可能年齢の引上げなど iDeCo 制度の改革
第三の柱	消費者に対して中立的で信頼できるアドバイスの提供を促すための仕組みの創設
第四の柱	雇用者に対する資産形成の強化
第五の柱	**安定的な資産形成の重要性を浸透させていくための金融経済教育の充実**
第六の柱	世界に開かれた国際金融センターの実現
第七の柱	顧客本位の業務運営の確保

（出所）内閣府「資産所得倍増プラン」より三井住友トラスト・資産のミライ研究所作成

　この7本の柱のうち、第一の柱については2022年12月16日に与党税制調査会が公表した「令和5年度税制改正大綱」において、2024年1月からの施行予定としてNISAの「投資枠拡充」と「期間の恒久化」が具体的に盛り込まれました（コラム13）。

　第二の柱であるiDeCo（個人型確定拠出年金）制度改革については、「加入可能年齢の70歳への引上げ」「拠出限度額の引上げ」「受給開始年齢の引上げ」を2024年の公的年金の財政検証に併せて措置もしくは結論を得ることが明記されました。

　こういった資産形成の主要な制度の拡充と「一体として推進する」と記されているのが、「第五の柱」として位置づけられている「金融経済教育」です【図表28-4】。

　今回の資産所得倍増プランは、家計が豊かになるために、全世代的に家計の現預金が投資にも向かうよう、制度面（NISAやiDeCoなど）の抜本的な拡充を図るとともに、学生や一般の方に対しては、拡充される制度を上

図表28-4　第五の柱の内容

第五の柱　安定的な資産形成の重要性を浸透させていくための金融経済教育の充実

〈安定的な資産形成の重要性の浸透〉

- 金融広報中央委員会が実施した金融リテラシー調査によると、「金融経済教育を受けた」と認識している人は7%に留まっている
- 一方、「金融経済教育を行うべき」との回答が7割超と、国民の要望は大きい
- これまで、政府、日銀、各業界団体などが学校や社会人向けに金融経済教育を実施してきたが、学校や職場において金融経済教育を受ける機会は限定的であった
- そこで、官民一体となった金融経済教育を戦略的に実施するための中立的な組織として、新たに令和6年中に金融経済教育推進機構（仮称）を設立する
- 金融経済教育推進機構（仮称）を中心として、企業による社員への継続教育の充実や地方自治体による金融経済教育の実施と併せて、広く国民に訴求する広報戦略を展開するとともに、学校・企業向けの出張授業やシンポジウムの開催など、官民一体となった効率的・効果的な金融経済教育を全国的に実施する

(出所) 内閣府「資産所得倍増プラン」より三井住友トラスト・資産のミライ研究所作成

手に（効率的に）活用できるように金融リテラシーの向上を促していくという、いわば「制度」と「金融リテラシー向上」を車の両輪とした取り組みになっていることが特徴です。

　今回の第五の柱である「金融経済教育の充実」は、まさに、「金融リテラシーの向上」に向けた重要な情報発信活動と位置付けられます。

　我が国においては、従来、日銀が事務局を務めている金融広報中央委員会を中心として、政府、各業界団体などが学校や社会人向けに金融リテラシーに関する情報発信・教育教材などを広く提供してきた歴史があります。

　今回は、これまでの金融経済教育の土台の上に、国家施策として、さらに広く金融経済教育を普及・浸透させていく目的で、官民一体となった戦略的な実施のための中立的な組織として、令和6年度（2024年度）に、新たに『金融経済教育推進機構（仮称）』を設立することが明記されました。この金融経済教育推進機構（仮称）を中心として、広く国民に訴求する広報戦略を展開し、学校・企業向けの出張授業やシンポジウムの開催な

ど、官民一体となった効率的・効果的な金融経済教育を全国的に実施するという、画期的な推進イメージがうたわれています。

　こういった国を挙げて幅広く実効性を伴った形で「金融リテラシーの向上」を実現していく国家施策が掲げられていますので、「学校」という"場"での金融経済教育に関する取組みや「職域」という"場"での取組みは、大変重要になってくるものと考えられます。

「ファイナンシャル ウェルビーイング」をめぐる
先進各国の動向について教えてください。

A29

　日本においては、2022年4月から成年年齢が18歳に引き下げとなり、それに伴う形で、高等学校家庭科での新学習指導要領（金融教育の内容の拡充など）が実施されるなど、金融教育に対する注目度が高まってきています。2022年6月に公表された「新しい資本主義のグランドデザイン及び実行計画」においても、資産所得倍増プランの取組みの一環として、「高校生や一般の方に対し、金融リテラシー向上に資する授業やセミナーの実施等による情報発信を行う」と明記されています。

　では、「ファイナンシャル ウェルビーイング」をめぐる先進各国の動向はどうなっているのでしょうか。

■ OECD（経済協力開発機構）における Financial Well-being と金融教育への取組み

　2008年にアメリカの投資銀行であるリーマン・ブラザーズの経営破綻により発生した世界規模での金融危機以後、金融リテラシーは多くの国で個人の重要な生活技術として、より強く認識されるようになりました。このような関心の高まりの背景としては、消費者への広範な（金融）リスクの移転、金融の複雑化や急速な進展、金融取引に積極的な消費者ないし投資家の増加などがあり、効果的な消費者保護のためには、「規制だけでは限界がある」との認識が拡がってきたことが考えられます。加えて、金融危機により引き起こされたさまざまな事態は、金融リテラシーの低さが社会全体、金融市場および家計にもたらす、潜在的なコストと負の拡散効果を顕らかにしたともいえます。

OECDは、2008年に、金融教育についての情報共有・分析等のための組織として「金融教育に関する国際ネットワーク（International Network on Financial Education、INFE）」を組成し、以後、半年に1回のペースで会議を開催しています。

　OECD/INFEは、2012年4月、個人のFinancial Well-beingを向上させるために必要な金融に関する知識、態度、行動の総体を「金融リテラシー」と定義しました。その教育指針である「金融教育のための国家戦略に関するハイレベル原則」を作成し、同6月、G20ロスカボス・サミットの承認を得ました。

■ 英国におけるFinancial Wellbeingに向けた戦略と金融教育の位置付け

　英国では、2020年1月、政府の外郭機関であるMoney and Pensions Service（以下、MaPS）が、英国民のファイナンシャル ウェルビーイングを確保するための今後10年間の戦略をまとめた「The UK Strategy for Financial Wellbeing 2020-2030（ファイナンシャル ウェルビーイング向上に向けた英国の国家戦略2020-2030）」を公表しました。

　この戦略では、大きな戦略項目と対象となる国民を、①「金融教育の基盤（Financial Foundations）：子どもや若者、およびその保護者」、②「貯蓄をする国民（Nation of Savers）：搾取され、悪戦苦闘する勤労者」、③「借入の管理（Credit Counts）：食費や光熱費のために借入をする人々」、④「より良い債務アドバイス（Better Debt Advice）：借入のアドバイスを必要とする人々」、⑤「将来を見据える（Future Focus）：すべての大人」の5つにカテゴライズし、KPIとその実現により得られる成果を示しています【図表29－1】。

　このうち、①は、KPIとして「有意義な金融教育を受ける子どもや若者を現行対比200万人増やす」ことを掲げ、成果として「子どもや若者が有意義な金融教育を受け、貯蓄や年金を最大限に活用できる大人になる」

図表29-1 「The UK Strategy for Financial Wellbeing 2020-2030」

①	Financial Foundations（金融教育の基盤）	Who	Children, young people and their parents（子どもや若者、およびその保護者を対象）
		Goal	2m more（200万人増）
		Outcome	Children and young people will get a meaningful financial education so that they become adults able to make the most of their money and pensions.（子どもや若者が有意義な金融教育を受け、貯蓄や年金を最大限に活用できる大人になるようにする）
②	Nation of Savers（貯蓄をする国民）	Who	Working-age 'struggling' and 'squeezed' people（搾取され、悪戦苦闘する勤労者を対象）
		Goal	2m more（200万人増）
		Outcome	People will get the savings habit, build cash reserves to help with short-term emergencies and have a clearer future focus in their financial lives.（貯蓄の習慣を身に付け、近いうちに生じうる万が一に備えてお金を準備し、将来のマネープランをはっきりと計画できるようにする）
③	Credit Counts（借入の管理）	Who	People who often use credit for food and bills（食費や光熱費のために借入を頻繁に利用する層を対象）
		Goal	2m fewer（200万人減）
		Outcome	More people will access affordable credit, and more people will make informed choices about borrowing.（より多くの人が無理のない借入を行い、借入を行うために必要な情報を持っているようにする）
④	Better Debt Advice（より良い債務アドバイス）	Who	People who need debt advice（借入のアドバイスを必要とする人々を対象）
		Goal	2m more（200万人増）
		Outcome	People will access and receive high quality debt advice when they need it, because of stronger and earlier engagement, and because funding, supply and services more closely match need.（お金を借りる必要がある際に借入についてのより質の高いアドバイスを受けられるようにすることで、よりきちんとした借入の契約をより早いタイミングで、かつニーズに合った内容で締結できるようにする）
⑤	Future Focus（将来を見据える）	Who	All adults（すべての大人を対象）
		Goal	5m more（500万人増）
		Outcome	People will engage with their future and be empowered to make informed decisions for, and in, later life.（自分自身の将来について考えて、きちんとした情報をもとに決断していけるようにする）

（出所）Money and Pensions Service（MaPS）「The UK Strategy for Financial Wellbeing 2020-2030」より三井住友トラスト・資産のミライ研究所作成

ことを掲げています。

　また、この目標を達成するためには、「学校において、金融教育を教えるための知識・スキル・自信を持つ教師を増やす」ほか、「記憶に残る金融教育を提供できる学校を増やす」、「家庭において、銀行口座などを利用した予算計画と支出を含めて、家庭でお金を管理する経験と責任を得る子どもを増やす」といった変化が必要であると指摘しています。

　また、この戦略の中で、「ファイナンシャル ウェルビーイングが充足している国家は、個人にとっても、コミュニティにとっても、ビジネスにも、経済にも良い状況を与える」としたうえで、「ファイナンシャル ウェルビーイングがよい状態にある人々は、お金についてあまりストレスを感じていない。これは、彼らの健康、人間関係、仕事にプラスの効果をもたらす。ファイナンシャル ウェルビーイングは地域社会にとってよい影響を及ぼす。経済的なストレスは、メンタルヘルス、人間関係の崩壊、身体的健康に対して悪影響を及ぼし、壊れた生活を回復させるためのコストを生じさせる」「雇用主も、ファイナンシャル ウェルビーイングから恩恵を受ける。ファイナンシャル ウェルビーイング状態にある人々は、仕事でより生産的な状態にある。ファイナンシャル ウェルビーイングが十分享受されていなければ、雇用主も苦しむことになる」といった、ファイナンシャル ウェルビーイングがもたらす効用を指摘しています。

「資産形成」と「SDGs（持続可能な開発目標）」や
「ESG（環境・社会・ガバナンス）」とはどのような関係がありますか？

A30

　「金融リテラシー」を学ぶ中で、「資産形成」への取組みの1つに「投資」があります。「投資」にはQ12でお伝えしたとおり、「プロフェッショナルとしての投資」「趣味としての投資」「マネープランとして投資」とさまざまな位置付けがありますが、個人が資産形成に取り組むうえで、まず習得しておくべきは、「マネープランとしての投資」です。

　「マネープランとしての投資」は、一人ひとりの将来のライフイベントへの資金準備として計画的に行うものですので、「長期での取組み」という性格を持っています。そこで、長期的には成長を続けていて、また、「投資の分散」も行える多様性を持っている「世界経済」が、「マネープランとしての投資の対象として相応しい」、という話でした。

■「世界経済の成長」は「世界が持続してこそ」

　「投資」するのであれば「収益」が得られるものでないと意味がありません。投資対象としての「世界経済」の成長については、Q12で人口増加と技術革新によって成長を遂げてきたという歴史をお伝えしました【図表30−1】。しかし、世界経済の成長の果実を享受する大前提は、「世界は今後も持続していくもの」ですが、果たしてこれは、信じるに足る前提なのでしょうか。

図表30-1　（【図表12-4】を再掲）

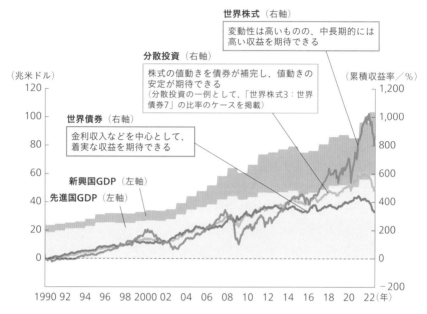

世界株式（右軸）
変動性は高いものの、中長期的には高い収益を期待できる

分散投資（右軸）
株式の値動きを債券が補完し、値動きの安定が期待できる
（分散投資の一例として、「世界株式3：世界債券7」の比率のケースを掲載）

世界債券（右軸）
金利収入などを中心として、着実な収益を期待できる

新興国GDP（左軸）
先進国GDP（左軸）

（出所）「先進国GDP」「新興国GDP」：IMF「World Economic Outlook Database, April 2022」（推定値を含む、米ドルベース）、
　　　期間：1990年〜2022年。
　　　「世界債券」：FTSE世界国債インデックス（含む日本、米ドルベース）
　　　「世界株式」：MSCIオール・カントリー・ワールド・インデックス（グロス、米ドルベース）
　　　「分散投資」：世界債券7・世界株式3の比率の合成指数（分散投資の一例として掲載）
　　　いずれも1989年12月末からの累積収益率（期間：1990年1月〜2022年7月）。
　　　より三井住友トラスト・資産のミライ研究所作成

　これまで世界中の人々は、「経済的な成長」を目的として研究や開発を続けてきました。その結果、「世界あるいは地球自体の存続を危うくさせる事象」があらわれてきています。現在、世界中でSDGsへの取組みや環境を守るための活動が行われているのは、この危機感が源泉となっています。

■ SDGs、とりわけ緊急度が高い気候変動問題への対応

　全世界で広く定着してきた「SDGs」は、2015年の国連サミットで採択された「持続可能な開発のための2030アジェンダ」に掲げられた国際目標、「持続可能な開発目標（Sustainable Development Goals）」の略称です。グローバルな社会課題を17のゴールと169のターゲットに整理したもので、「地球上の誰一人取り残さない（leave no one behind）」をスローガンに、途上国から先進国まで一体となったさまざまな取組みが行われています【図表30 - 2】。

図表30-2　SDGs17のゴール

　SDGsの中でも、とりわけ、ゴール13の「気候変動に具体的な対策を」は、リスクが顕在化しており、もはや将来ではなく喫緊の課題となってい

ます。日本においても、最近の台風や集中豪雨によって多くの方々が被害と影響を被っています。

こうした「気候変動リスク」は、各国の政策や法規制などを変容させ、行動の変化を促し、経済環境を大きく変化させることから、重大な金融リスクにも発展しうるものだと認識されており、投資家は、企業に対して気候変動リスクに関する影響や情報開示の拡充を求めています。

また、金融機関は、こうした開示情報をベースに、投資や融資のリスク管理の強化と適切な対応を図りつつ、金融機関にも自らしっかりとした情報開示を行っていくことが求められています。

■ 社会課題の解決に向けた「金融」の機能

「SDGs」の達成に向けて、数多くの国の個人や企業・団体が取り組んでいますが、その活動には莫大なお金が必要です。例えば、SDGsを達成するための取組みの1つに「脱炭素社会の実現」がありますが、現在、モノを作る製造過程でたくさんのCO_2を排出しています。産業部門では、鉄鋼、化学、機械といった産業がCO_2の排出の中心となっていますが、CO_2を削減していくには、製法や工程を抜本的に変える、それに伴って工業インフラや流通も変える、といった取組みが必要で、巨額の資金を要します。必要額としては、1京円という規模の試算もされています。

このような構造的な大変革を実現するためには、正に「資金余剰者」から「資金不足者」へお金を融通する仕組みが必要といえます。そこで国連は、「SDGsの取組みにお金が流れる」ルールを設けて、金融機関が自主的に順守することで、「金融」から多くの団体や企業に「社会課題の解決への資金」が流れるようになると考えました。どのようなルールを決めたのでしょうか。

■ SDGsの達成に向けて設けられた「金融のルール」たち

金融の主要な機能といわれる「投資」「保険」「融資」におけるルールを
みていきます【図表30-3】。

図表30-3 「投資」「保険」「融資」に設けられたルール

投資 責任投資原則（**PRI**/Principles for Responsible Investment）

- 2006年国連が提唱。ESG投資の世界的なプラットフォーム
- 署名機関は「ESG」に関する視点を投資分析と意思決定プロセスにお
いて取り入れることが求められる

保険 持続可能な保険原則（**PSI**/The Principles for Sustainable Insurance）

- 2012年国連環境計画・金融イニシアティブが策定
- 保険事業に関連する「ESG」を意思決定に組み込み、社会全体での幅
広い行動を促す

融資 責任銀行原則（**PRB**/Principles for Responsible Banking）

- 2019年国連環境計画・金融イニシアティブによって「PRIの銀行版」
として設立
- 金融商品・サービス等を通し、経済や生活形態を根本的に変革するこ
とを支援・推進するにあたってのリーダーシップを取る

（出所）三井住友トラスト・資産のミライ研究所作成

最も早い段階でルールができたのは「投資」でした。2006年に国連の
提唱により、ESG投資（E：環境、S：社会、G：ガバナンス（企業統治）の3
つを重視する投資手法）の世界的なプラットフォームとして、「責任投資
原則（PRI/Principles for Responsible Investment）」がスタートしました。
このプラットフォームに署名した金融機関は「ESG」に関する視点を投
資プロセスにおいて取り入れ、状況を開示していくことが求められます。

次は「保険」でした。2012年、国連環境計画・金融イニシアティブが
「持続可能な保険原則（PSI/The Principles for Sustainable Insurance）」を策

定しました。保険事業に関連する「ESG」を意思決定に組み込むことを
ルール化しています。

　最後は「銀行」です。2019年、国連環境計画・金融イニシアティブに
よって、「PRIの銀行版」となる「責任銀行原則（PRB/Principles for Responsible
Banking）」が提唱されました。署名した金融機関は金融商品・サービス等
を通して、経済や生活形態を根本的に変革することを支援・推進するこ
と、また、そのリーダーシップを取ることを約束しています。

■ 資本市場を劇的に変えたESG

　この「ESG」という考え方は、国連が2006年に制定した責任投資原則
（PRI）の中で初めて打ち出されたコンセプトです。

　それまで「ESG」の項目に対する取組みは、SRI（社会的責任投資）や、
CSR（企業の社会的責任）といった「社会貢献」として捉えられていまし
た。そうではなく、より主体的に投資家の参画を促すために、E（環境）
とS（社会）に、投資家の関心が高いG（ガバナンス）を加えて、ESGとい
う言葉が誕生しました。まさに、投資の世界において、企業が環境問題
や、社会問題を解決していくために、投資家の力を活用する「国連の考
え」ともいえます。

　こういった取組みによって、ESG市場は拡大してきています。日本の存
在感も高まってきていますが、欧州や米国と比較するとまだ成長余地はあ
るといえそうです【図表30‐4】。

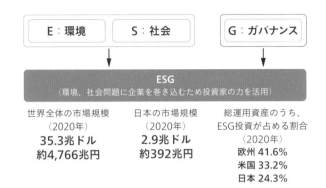

図表30-4　ESGへの取組み状況

E：環境　　S：社会　　　　G：ガバナンス

ESG
（環境、社会問題に企業を巻き込むため投資家の力を活用）

| 世界全体の市場規模
（2020年）
35.3兆ドル
約4,766兆円 | 日本の市場規模
（2020年）
2.9兆ドル
約392兆円 | 総運用資産のうち、
ESG投資が占める割合
（2020年）
欧州 41.6%
米国 33.2%
日本 24.3% |

（出所）Global Sustainable Investment Alliance（世界持続的投資連合）「GLOBAL SUSTAINABLE
　　　INVESTMENT REVIEW 2020」より三井住友トラスト・資産のミライ研究所作成
※1ドル＝135円にて計算

〈ご参考〉　**三井住友信託銀行の取組み事例**

　三井住友信託銀行は、2019年3月にポジティブ・インパクト・ファイナンス（資金使途を特定しない事業会社向け投融資タイプ：Positive Impact Finance（PIF））を実行しました。PIFは、企業活動が経済・社会・環境にもたらすインパクト（ポジティブな影響とネガティブな影響）を包括的に分析・評価し、ネガティブインパクトの緩和とポジティブインパクトの拡大について目標を設定のうえ、その実現に向けて継続的な関係性を重視した取組みです。

　企業が考えるSDGs達成への貢献をKPIとして設定し、継続的な対応を金融機関が支援することで、まさに企業と金融機関がともによりよい社会をつくりあげていこうとする取組みです【図表30-5】。

図表30-5　ポジティブ・インパクト・ファイナンス（PIF）の概念図

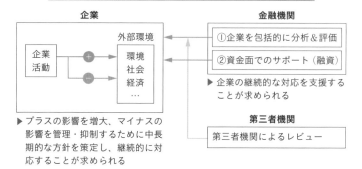

（出所）三井住友信託銀行作成

> コラム18 **カーボンニュートラル（脱炭素社会）への取組みにおける**
> **金融の役割とは？**

　SDGsのゴールの中でも、喫緊かつ地球規模の課題である「気候変動問題」の解決に向けて、2015年にパリ協定が採択され、世界共通の長期目標として、「世界的な平均気温上昇を工業化以前に比べて2℃より十分低く保つとともに、1.5℃に抑える努力を追求すること（2℃目標）」「今世紀後半に温室効果ガスの人為的な発生源による排出量と吸収源による除去量との間の均衡を達成すること」等が合意されました。この実現に向けて、世界が取組みを進めており、120以上の国と地域が「2050年カーボンニュートラル」という目標を掲げています。カーボンニュートラルとは「温室効果ガスの排出量と吸収量を均衡させること」を意味しています。

これらを受け、2020年10月に日本政府は、『2050年までに温室効果ガスの排出を全体としてゼロ（＊）にする』という「カーボンニュートラル」を目指すことを宣言しました。カーボンニュートラルの達成のためには、温室効果ガスの排出量の削減並びに吸収作用の保全及び強化をする必要があります。

　（＊）「排出を全体としてゼロ」というのは、二酸化炭素をはじめとする温室効果ガスの「排出量」から、植林、森林管理などによる「吸収量」を差し引いて、合計を実質的にゼロにすることを意味しています。

脱炭素社会に向けた取組み

　2021年11月に英国グラスゴーで開催されたCOP26という気候変動問題について話し合う国際会議では、2015年に定められたパリ協定の合意内容からもう一段踏み込み、「産業革命以前と比較して平均気温の上昇を1.5℃以内に抑える努力を追求する」、グラスゴー気候合意が約束されました。また、このCOP26には、銀行、保険会社、運用会社、年金基金など、約450の金融機関が参加し、「ネットゼロ」にコミットしています。

　国連加盟国（196か国）の取組みをみてみると、2020年末時点で124の国と地域が、CO_2排出量を実質的に出さない「ネットゼロ」を宣言しています。日本も「2050年ネットゼロ」を宣言しています。その実現に向けては、CO_2を多く排出する化石燃料から太陽光や風力などの自然エネルギーへのシフト、また水素・アンモニアなどの技術開発、CO_2を吸収する技術開発などが急務となります。一方で、化石燃料の中でも、石炭火力発電が、環境NGOや投資家などから問題点として指摘されていますが、日本においては東日本大震災以降、原子力発電所の稼働については慎重な対応がなされており、石炭火力を利用する状況が続いています。

「脱炭素社会」への取組みと「お金」

　カーボンニュートラル（脱炭素社会）の実現は、国レベルで、現在の経済インフラを根本から見直す取組みになることから、巨額の資金が必要となります【図表コラム18−1】。

図表コラム18-1　経団連の提言

> 2050年の脱炭素実現のためには、2050年まで、継続的に巨額の投資が必要。
> その額は、累計で、400兆円程度にものぼる見込み。

- IEA（国際エネルギー機関）のWorld Energy Outlook 2021によれば、**2050年の脱炭素に向けて世界全体で必要となる年間投資額は、約4兆ドル**
- このうち日本国内で必要なる年間投資額をCO_2の排出割合（3％）に基づき計算すると、**約14.2兆円／年**。
- 2050年までの累計で、**約411.8兆円**。

（出所）一般社団法人 日本経済団体連合会「グリーントランスフォーメーション（GX）に向けて」より三井住友トラスト・資産のミライ研究所作成

　グリーン電力という言葉も広まりつつありますが、モノを作る製造過程でもCO_2排出を削減することが必要ですので、産業部門では、鉄鋼、化学、機械の各業界での取組みが期待されています。特に鉄鋼は、リサイクル性に優れるので、ライフサイクルCO_2排出量という点では優れている一面、自動車をはじめとして用途が幅広く、大量に使用されるので、CO_2排出の総量としては非常に多く、世界のCO_2排出量の2割を占めると言われています。

　日本製鉄1社で日本のCO_2排出量の9％を占めています。その企業でも「2050年にはカーボンニュートラルを目指す」と宣言しました。現在の技術では難しく、技術イノベーションが前提となりますが、設備だけでなく、技術開発への投資も合わせて取り組んでいます【図表コラム18−2】。

図表コラム18-2　日本製鉄の取組み

日本製鉄は「2050年　カーボンニュートラル」を目指す

- 日本製鉄は、2030年にCO_2総排出量を対2013年比30%削減、2050年にカーボンニュートラルを目指すというビジョンを掲げ取組みを開始

  → 大型電炉での高級鋼製造、高炉での水素還元、100%水素直接還元プロセスなどに取組み

  → これらには、**5,000億円規模の研究開発費と4兆〜5兆円規模の設備投資**が必要になると考えている

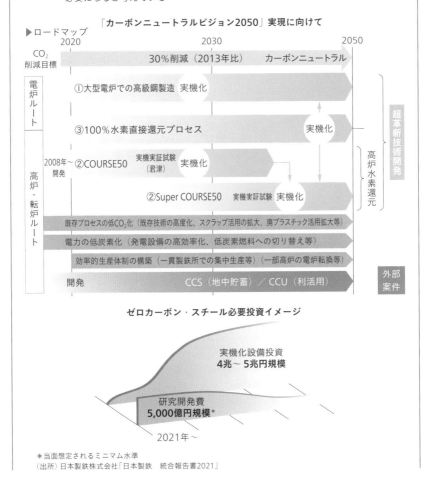

「カーボンニュートラルビジョン2050」実現に向けて

ゼロカーボン・スチール必要投資イメージ

* 当面想定されるミニマム水準

（出所）日本製鉄株式会社「日本製鉄　統合報告書2021」

社会課題の解決に向けた資金を循環・供給していく「金融」の役割

このように脱炭素社会の実現をはじめとしたSDGsの推進には巨額の資金が必要となります。日本では、個人・家計で約1,000兆円、企業で約300兆円の資金が現預金で保有されていますので、「脱炭素社会」の実現に向けては、「金融」が、集めたお金を信用創造によって膨らませながらお金を融通するという機能を果たすのみならず、SDGsの達成に向けて設けられた「金融のルール」（詳しくはQ30をご覧ください）を順守し、「社会課題の解決」へ資金を流していくことが求められます。

多くの国、企業、自治体、個人がSDGs達成に向けて取り組んでいる

図表コラム18-3　「お金」の中継地をSDGs推進の中継地とする

（出所）三井住友トラスト・資産のミライ研究所作成

かと思いますが、金融もSDGsの達成に向け中継地としての役割を果た
すべく、取組んでいます【図表コラム18-3】。

第 5 章

消費者としての「お金のトラブル回避術」

Q
31

最近の消費者としての「お金のトラブル」について教えてください。そのような
消費者トラブルを回避する上で、身に付けておくべき基本的なポイントとは?

A31

　消費者トラブルのうちお金に関することで最近の典型的な事例として
は、次のようなものが報告されています。

〈事例1〉

　大学の先輩に呼び出され、「50万円のFX（外国為替証拠金取引）自動
売買システムを購入すれば、何もしなくても儲かる」と勧誘された。お
金がなく支払えないと断ったら、「みんな学生ローンで借りて支払って
いる。すぐに返済できるので問題ない」といわれたが、借金してでも購
入しても大丈夫か。

〈事例2〉

　スマートフォンで「初回500円」というダイエットサプリメントの
SNS広告を見て、販売サイトにアクセスした。2回目以降、約4,000円

の商品が毎月届く定期購入で、次回発送日の10日前までに解約の連絡をすればいつでも解約できるという条件を見て申し込んだ。数日後、初回の商品が届き、2回目の商品が届く前に解約したいと思い、販売業者に電話するが、混み合っていてつながらない。

（出所）独立行政法人国民生活センター　身近な消費者トラブルQ&A

■ 若年層に多い消費者トラブル

　消費者トラブルは消費生活相談に寄せられるものだけで、年間90万件ほどあります。消費者トラブルは、どの年代でも生じており、中でも、15歳から29歳の若年層に着目すると、未成年者取消権が行使できなくなる、成年年齢に達したばかりの20歳から24歳（2022年3月までは成年年齢は20歳）で消費者トラブルの発生が多くなっていることがうかがえます【図表31－1】。

　成年年齢に達したばかりの若者は契約に関する知識や経験が乏しいこともあり、悪質な業者に目を付けられ、内容をよく理解しないまま安易に契約してしまう傾向があることが指摘されています。2022年4月より成年年齢が20歳から18歳へ引き下げられましたので、より若い年齢層を狙っ

た消費者トラブルの増加が懸念されています。

図表31-1　消費生活相談の年齢別割合

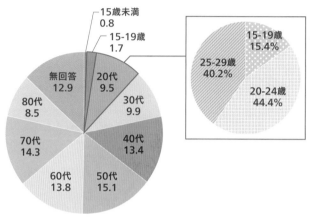

〔出所〕消費者庁「令和3年度　消費者政策の実施の状況　消費者事故等に関する情報の集約及び分析の取りまとめ結果の報告」より三井住友トラスト・資産のミライ研究所作成

　このようなトラブルに遭わないために押さえておきたいポイントは、以下の3点です。

■情報の入手先や契約の相手は 本当に信頼してよいか否かを確認

　ある契約をあなたに説明し取引させようとしている相手は信頼できる相手でしょうか。取引において「信頼できる」とは、単に「親しい人だから」というだけでは不十分です。

　特に「お金に関する取引」を行うためには、金融庁の認可や登録を受ける必要があります。取引しようとしている相手方（相手業者）が認可・登録を受けているか否かは、金融庁のウェブサイトなどで確認することがで

きます。また、検索サイトで相手方（業者）の名称を検索し、詐欺行為等の履歴や風評がないかを確認することも重要です。

■ 契約内容を理解する

契約とは、当事者双方の意思表示（考えを表すこと）が合致することによって成立するものです。そのため、基本的には、口頭の約束でも有効とされています。また、契約が成立すると、契約をした当事者には、それぞれ権利と義務が発生します。契約した内容とは異なる行為をしたり、一方的な都合で契約を解消したりすることはできません。

ですから、契約をする際には、①相手方の説明を聞くだけではなく、本当に自分が内容を理解できているかを確認する　②契約内容でわからない点は、契約の相手方に確認する。もし、理解しきれない場合は、その場では契約をせず持ち帰る　③必要に応じて、適切な第三者に相談をする　④それでも理解できない場合は、契約をしない（きっぱりと断る）　ことが重要です。

また、契約をして終わりではなく、契約締結後も定期的に契約内容を確認するようにしましょう。

〈未成年者取消権とは〉

未成年が契約するときは、保護者などの法定代理人の同意が必要とされており、その同意がない契約は原則として取り消すことができます。成年になると未成年者取消権は行使することができませんので、自身の判断で自由に契約ができるというメリットの反面、消費者トラブルに巻き込まれないよう一層の注意が必要になります。

■ インターネットでの取引は、より慎重に

　インターネットであれば、いつでも・どこでも・手軽に取引ができるため非常に便利です。一方で、対面での取引に加えて、次のような危険が潜んでいます。

- 個人情報を抜き取られ不正アクセス被害を受ける
- 誤った入力で意図しない取引をしてしまう
- 機器や通信トラブルにより、一時的に取引ができない

　このような危険を回避するためには、セキュリティ対策ソフトを最新版にする、心当たりのないメールは開かない、慎重な操作を行うといった基本動作の徹底に加えて、トラブルが発生した時の代替方法も検討しておくことが重要です。

■ それでもトラブルに遭ってしまったら…

　どれだけ気を付けていても、トラブルに巻き込まれてしまう可能性はあります。しかし、訪問販売・電話勧誘販売・連鎖販売取引（いわゆるマルチ商法）などでの契約は、特定商取引法において、「クーリング・オフ」の適用対象となり、一度、契約の申し込みや締結をしてしまった場合であっても、一定の期間であれば無条件で契約の申し込みを撤回したり、契約を解除したりすることができます。

　このように、契約してしまった後でも「取り消し」や「解約」ができるケースがありますので、困った際には、一人で抱え込まず、周囲の人や公的な機関に相談することがとても大切です。

クレジットカードの基本的な仕組みを教えてください。カードを利用する際に特に注意すべき点は何ですか?

A32

　クレジットカードは、キャッシュレス決済（現金を使わないで支払いができること）の1つですが、利用金額をみなさん自身が支払うのは商品を手にした後（＝後払い）というのが特徴です。つまり、クレジットカードを使うということは、実態としては「お金を借りる」という行為が伴います。その仕組みは【図表32-1】の様になっています。

図表32-1　クレジットカード利用の仕組み

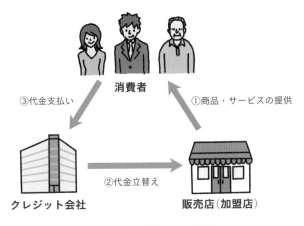

（出所）日本クレジット協会より三井住友トラスト・資産のミライ研究所作成

　クレジットカードは適切な収支管理を行ったうえでの利用であれば、消費者・販売店（加盟店）・クレジット会社の3者にとって、それぞれメリットのある非常に便利な仕組み・サービスです。

消費者にとっては、

- 現金を持たずに商品やサービスの提供を受けられる
- カード利用でポイントが付与される
- 付帯サービス（ポイントや割引、各種補償など）がある

販売店（加盟店）にとっては、

- 高額商品の販売でも、未払いとなることを回避できる
- 会計ミスが減る
- 決済手段を複数提示することで、消費者の利便性を向上できる

クレジット会社にとっては、

- 販売店（加盟店）から、代金の一定割合（3～7%）を手数料として受け取れる
- 会員からの年会費が得られる

などのメリットがあげられます。

一方で、消費者にとって、利用に際して注意したいポイントは次のとおりです。

①収入の見込みや他の支出も考慮したうえで、無理のない範囲で利用する

特にクレジットカードは、手元の現金が減らないため、結局どれくらいのお金を使っているか意識しづらいという特徴があります。知らず知らずのうちに、自身の貯蓄や収入だけでは返済しきれないほど利用してしまい、その返済のためにさらにカードローンを借り入れたり複数の消費者金融などからお金を借り入れるという「多重債務」といった問題も生じています。自身の支払い能力を超えた利用とならないよう、計画的かつ必要に応じた利用を心がけましょう。

②支払期間、支払方法などを正しく理解し、自分に合った方法を選択する

カードの支払方法は、カードを発行している会社が定めた内容によって

選択の幅が異なりますが、代表的な支払方法は【図32-2】です。

図表32-2　クレジットカードの支払方法

1回払い（翌月一括払い）

　利用した当月または翌月に一括して支払う方式。手数料はかからない。

ボーナス払い

　利用した次のボーナス時期に、一括して支払う方式。手数料はかからない。

分割払い

　利用した当月または翌月から、指定した回数に分けて支払う方式。
　月々均等払い、手数料がかかる。

リボルビング払い

　毎月支払う最低限の金額を決めておく方式。月々定額払い、手数料がかかる。

（出所）三井住友トラスト・資産のミライ研究所作成

　この中でも特に「リボルビング払い（リボ払い）」の利用には、十分注意が必要です。支払い残高に応じて手数料がかかることに加え、リボ払いは、返済「金額」だけを決める方法で返済回数は確定していません。したがって、返済途中で追加の利用をし、支払い残高が増えてしまうと、返済期間が延び、場合によっては手数料が高額となる可能性があります。

③延滞とならないよう支払期日は必ず守る

　支払期日までに返済がなされないと、「個人としての信用を失う」という大きな代償が伴うことに、特に留意が必要です。返済がなされないと、「延滞利息」というペナルティ（利息の割り増し）が適用されたり、個人の信用情報に延滞情報が登録されたりします。利用明細と利用内容は必ず確認し、支払期日までにお金を用意して引き落とし口座に入金しておくことを忘れないようにしましょう。

■ 信用情報とは？

　ローンやクレジットを利用した際の、契約内容や返済状況、利用残高などを「信用情報」といい、これらは信用情報機関に登録・蓄積されます。

　新たにローンやクレジットの利用を申し込むと、申し込みを受けた金融機関は、この情報機関に登録されている利用状況を確認したうえで、利用の許諾に関しての審査を総合的に行います。信用情報は情報の種類によって登録期間が定められていますので、一定期間を過ぎると抹消されます。ただし、延滞情報は、延滞が続いている限り抹消されません。

　一方で、信用情報には悪用防止につながるコメントの登録ができるという機能があります。運転免許証などの本人確認書類を紛失や盗難にあった際に、発生した日付や紛失した書類の登録をすることで、第三者のなりすましを未然に防止する効果が期待できます。警察への届出と併せてコメント登録も行っておくと安心です。

Q33 キャッシュレス決済の留意点について 教えてください。

A33

　決済のキャッシュレス化は、2014年6月に閣議決定された「『日本再興戦略』改訂2014」から検討が始まり、足元2021年のキャッシュレス決済比率はついに30％を超え32.5％となるなど、堅調に推移しています【図表33-1】。一方で諸外国のキャッシュレス決済比率は40 ～ 60％台となっており、政府としては日本のキャッシュレス決済比率を2025年までに4割程度、将来的には世界最高水準の80％まで上昇させることを目指しています。

図表33-1　キャッシュレス支払額及び決済比率の推移

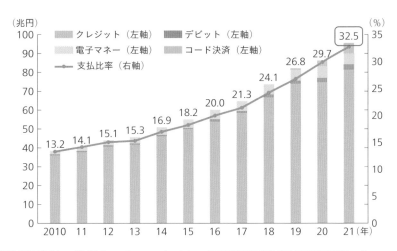

（出所）経済産業省ウェブサイト（https://www.meti.go.jp/press/2022/06/20220601002/20220601002.html）

キャッシュレス決済の手段の代表的なものとしては、クレジットカード、デビットカード、電子マネー、プリペイドカード、スマートフォン決済などがあげられます。現金を持ち歩かずにすむという安全性や、ネットショッピング時にスムーズに決済ができる利便性など大きなメリットがある一方で、次のような点に留意が必要です。

■ 利用額をきちんと把握する

　使った金額が物理的には見えないため、ついつい使いすぎてしまうケースがあります。郵便で送られてくる利用明細やWEBサイトでこまめに確認することが重要です。ただし、複数のキャッシュレス決済を利用している場合、一つひとつを頻繁に確認することは大変ですので、そのような場合は、複数の銀行口座やカード、電子マネーを一括で管理できるスマートフォンアプリの活用も検討してみるとよいでしょう。

　また、キャッシュレス決済の中には、あらかじめ現金を入金して利用する「前払い方式の電子マネー」や「プリペイドカード」があり、これらであれば、入金した金額以上は使えないので、使い過ぎの心配がなく安心です。

■ 個人情報管理を徹底する

　キャッシュレス決済を利用する際には、個人情報を登録したり銀行口座やクレジットカードと紐づけたりします。こういった個人情報や登録情報を狙ったフィッシング詐欺が、近年横行しています。

　フィッシング詐欺とは、金融機関や宅配業者、有名ショッピングサイトなどを騙るメールやSMS（ショートメッセージサービス）を送信し、正規のウェブサイトを模倣したフィッシングサイト（偽のウェブサイト）へ誘導し、個人情報を入力させ詐取する手口です。

　ここで個人情報を抜き取られてしまうと、自身のキャッシュレス決済ア

カウントを乗っ取られ利用されたり、さらには、本人になりすまして、登録している銀行口座やクレジットカードから勝手に残高をチャージされ利用されてしまったりする恐れがあります。

　このような被害に遭わないためには、メールやSMSなどで受信したURLを安易にクリックしないことが重要です。「購入代金が支払われておりません」や「お荷物が届きましたが不在のため持ち帰りました」といった内容の通知が来たとしても、すぐにURLをクリックしてはいけません。あらかじめ自身で登録しているURLや連絡元の公式の問い合わせ窓口へ確認するようにしましょう。

（参考）独立行政法人情報処理推進機構セキュリティセンター「10大脅威2022」/経済産業省「消費者向け　不安解消に資する取組事例」

Q 34 「消費者（お金）のトラブル」に遭った際に、相談できる窓口にはどのようなものがありますか?

A34

　トラブルに遭ってしまったら、自身で抱え込まず家族や友人、学校の先生など身近な人にまずは相談をしましょう。もし、身近に相談できる人がいない、相談しにくいといった場合は、下記の相談窓口への相談も検討しましょう。

■ 消費生活に関する相談

▷消費者庁：消費者ホットライン

（全国共通の電話番号）　188番（いやや!）

https://www.caa.go.jp/policies/policy/local_cooperation/local_consumer_administration/hotline/

■ 法律や多重債務に関する相談

▷法テラス（日本司法支援センター）

0570－078374（サポートダイヤル）

https://www.houterasu.or.jp

▷日本弁護士連合会

https://www.nichibenren.or.jp/

▷日本貸金業協会　貸金業相談・紛争解決センター

0570-051-051

https://www.j-fsa.or.jp

▷（公財）日本クレジットカウンセリング協会

0570-031640（多重債務ほっとライン）

■ ヤミ金融の被害・振り込め詐欺などに関する相談

▷警察

#9110（警察相談専用電話）

https://www.npa.go.jp/

■ 金融サービスに関する相談

▷金融庁：金融サービス利用者相談室

0570-016811

https://www.fsa.go.jp/receipt/soudansitu/index.html

　困ったときの相談窓口の一覧として、金融広報中央委員会のHPに掲載があります。こちらもあわせてご確認ください。

▷困った時の相談窓口

https://www.shiruporuto.jp/public/document/container/link/sodan/#01

第 6 章

実践に向けて

暮らしに役立つ「お金」・「資産形成」に関し、さらに学習しようと
思ったときに活用できる情報サイトにはどのようなものがありますか？

　あらゆる世代の方に対応した広範な情報提供を行っており、学ぶにあ
たって押さえておきたいのは、下記のWebサイトです。

◆暮らしに役立つ身近なお金の知恵・知識情報サイト
▷金融広報中央委員会　知るぽると
　https://www.shiruporuto.jp/public/
＊マネビタ〜人生を豊かにするお金の知恵〜
　金融経済教育にかかわる官庁や団体が連携し制作された、金融リテラ
　シーに関するeラーニング講座
　https://www.shiruporuto.jp/public/document/container/e-learning/
＊これであなたもひとり立ち
　2022年度から実施された高校の新学習指導要領に対応する新ワーク
　で、学生向けの教材と教員向けの指導書を掲載
　https://www.shiruporuto.jp/public/document/container/
　hitoridachi/text/

▷金融庁
　https://www.fsa.go.jp/
　金融庁では、2012年11月に有識者・関係省庁・関係団体をメンバーと
　する「金融経済教育研究会」を設置して今後の金融経済教育のあり方に
　ついて検討を行い、2013年4月に研究会報告書を公表しました。この
　報告書の中で、「生活スキルとして最低限身に付けるべき金融リテラ
　シー」が示されました【図表35-1】。

図表35-1　最低限身に付けるべき金融リテラシーの4分野・15項目

4分野15項目	本書目次との対応番号
1. 家計管理	
1) 適切な収支管理（赤字解消・黒字確保）の習慣化	1
2. 生活設計	
2) ライフプランの明確化及びライフプランを踏まえた資金の確保の必要性の理解	2
3. 金融知識及び金融経済事情の理解と適切な金融商品の利用選択	
【金融取引の基本としての素養】	
3) 契約にかかる基本的な姿勢の習慣化	3
4) 情報の入手先や契約の相手方である業者が信頼できる者であるかどうかの確認の習慣化	4
5) インターネット取引は利便性が高い一方、対面取引の場合とは異なる注意点があることの理解	5
【金融分野共通】	
6) 金融経済教育において基礎となる重要な事項（金利（単利、複利）、インフレ、デフレ、為替、リスク・リターン等）や金融経済情勢に応じた金融商品の利用選択についての理解	6
7) 取引の実質的なコスト（価格）について把握することの重要性の理解	7
【保険商品】	
8) 自分にとって保険でカバーすべき事象（死亡・疾病・火災等）が何かの理解	8
9) カバーすべき事象発現時の経済的保障の必要額の理解	9
【ローン・クレジット】	
10) 住宅ローンを組む際の留意点の理解 ①無理のない借入限度額の設定、返済計画を立てることの重要性 ②返済を困難とする諸事情の発生への備えの重要性	10
11) 無計画・無謀なカードローン等やクレジットカードの利用を行わないことの習慣化	11
【資産形成商品】	
12) 人によってリスク許容度は異なるが、仮により高いリターンを得ようとする場合には、より高いリスクを伴うことの理解	12
13) 資産形成における分散（運用資産の分散・投資時期の分散）の効果の理解	13
14) 資産形成における長期運用の効果の理解	14
4. 外部の知見の適切な活用	
15) 金融商品を利用するにあたり、外部の知見を適切に活用する必要性の理解	15

（出所）金融庁金融研究センター　金融経済教育研究会「研究会報告書」より三井住友トラスト・資産のミライ研究所作成

その他、以下の各WEBサイトにて金融・経済情報に関する学習教材や信託商品とその活用方法などが多数用意されています。

▷全国銀行協会　https://www.zenginkyo.or.jp/
▷信託協会　https://www.shintaku-kyokai.or.jp/
▷日本証券業協会　https://www.jsda.or.jp/
▷投資信託協会　https://www.toushin.or.jp/index.html
▷生命保険協会　https://www.seiho.or.jp/
▷生命保険文化センター　https://www.jili.or.jp/
▷日本損害保険協会　https://www.sonpo.or.jp/
▷日本取引所グループ　https://www.jpx.co.jp/
▷日本FP協会　https://www.jafp.or.jp/
▷金融財政事情研究会　https://www.kinzai.or.jp/
▷ねんきんネット　https://www.nenkin.go.jp/n_net/
▷iDeCo公式サイト　https://www.ideco-koushiki.jp
▷公的保険ポータル　https://www.fsa.go.jp/ordinary/insurance
　　　　　　　　　　　-portal.html

　近年では、各種SNSで個人等が金融に関する情報発信を行っていますが、みなさんは、上記の信頼できる官庁・団体の発信から情報を取得するように心がけましょう。

〈編著者サイト・書籍のご紹介〉

三井住友トラスト・資産のミライ研究所
https://mirai.smtb.jp/

　三井住友トラスト・資産のミライ研究所では、資産形成・資産活用のあり方を中立的な立場で情報発信することで、世の中の「金融リテラシー向上」、「ファイナンシャル ウェルビーイング実現」に寄与すべく活動を行っています。コラムや動画にて情報発信を行っておりますので、是非、ご覧ください。

『安心ミライへの「資産形成」
ガイドブックQ&A』
（金融財政事情研究会　2020年刊）

　人生100年時代における個人の資産形成の悩みに対して、Q&A方式でまとめたものです。本書と合わせてご覧ください。

三井住友信託銀行公式YouTubeチャンネル
　「教えて!信託さん」シリーズで、金融や資産形成に関する情報発信を行っています。

銀行口座、証券口座、ネットバンク口座の開設の仕方と注意点を教えてください。

A36

■ 銀行口座、証券口座、ネットバンク口座を開設する

　各種口座を開設するにあたっては、まず、どの金融機関（銀行、証券会社）を利用するかを検討する必要があります。検討にあたっては、口座の利用目的（給与を受け取るため、家賃を支払うため、資産形成のためなど）や利便性（近隣に店舗がある、インターネットで取引ができるなど）、サービスの状況（セキュリティ対策がしっかりとなされている、振込手数料が毎月3回までは無料、金融商品の品揃えや金利水準など）をふまえて、比較することがおすすめです。

　開設したい金融機関が決まれば、どのような方法で口座開設手続きを行っているかを確認しましょう。窓口へ出向いて手続きを行う以外にも、郵送やインターネットからの手続きが可能であったり、最近ではアプリで開設手続きが完結するケースもあります。

方法を決めたら、その後は各金融機関の指示に従って、必要書類などを記入（入力）し提出しましょう。

　口座開設には、口座開設書類の記入（入力）にあわせて「本人確認書類の提示もしくは提出」が求められるケースが多いですが、申し込む金融機関によって異なりますので確認しましょう。

■ 銀行口座を利用の際の注意点

　口座開設手続きの際には、「なぜ銀行口座を開設するのか」という取引の目的を必ず確認しなければならない決まりになっています。なぜなら、口座が犯罪や不正に利用されるのを防ぐためです。したがって、新規で口座開設をする場合は、利用目的を明確にしておきましょう。同様の観点で、一つの銀行に開設できる口座は、原則として一人1口座となっています。

　また、近年、インターネットなどで「手軽に高収入が得られるバイトがあります」などと、銀行口座の売買を持ち掛けてくる事例が確認されており、注意が必要です【図表36−1】。

図表36−1　口座不正利用に伴う口座の利用停止・強制解約の件数の推移

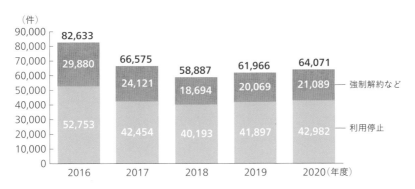

（出所）一般社団法人全国銀行協会「盗難通帳、インターネット・バンキング、盗難・偽造キャッシュカードによる預金等の不正な払戻し件数・金額等に関するアンケート結果および口座不正利用に関するアンケート結果について（令和3年7月発表）」より三井住友トラスト・資産のミライ研究所作成

これは、口座を買う側はもちろんのこと、口座を売る側も罪に問われます。決して怪しい取引には応じないことに加えて、利用しなくなった口座は早めに解約するようにしましょう。

■ インターネット口座を利用する際の注意点

　インターネット口座は利便性が高く利用者が増加する一方で、インターネット口座を狙った犯罪も近年非常に増えています。

　手口としては、銀行を装った偽のメールから偽のWEBサイトへ誘導し、ログインIDやパスワードを詐取する方法や、添付ファイル付き電子メールなどからウイルスに感染させ、情報を抜き取るなどさまざまです。

　被額額も非常に大きくなっています【図表36-2】。

図表36-2　インターネットバンキングによる預金等不正払戻し被害発生状況

（出所）警察庁「令和3年におけるサイバー空間をめぐる脅威の情勢等について（令和4年4月7日）」より三井住友トラスト・資産のミライ研究所作成

　このような被害にあわないためには、①銀行が推奨するセキュリティ対策を利用する、②セキュリティ対策ソフトやソフトウェアを最新に保つ、③IDやパスワードは慎重に管理・利用することが特に重要です。

クレジットカードの発行申請方法と注意点を教えてください。

■ クレジットカードを発行する

クレジットカードはさまざまな会社から発行されています。まずは、どのクレジット会社のクレジットカードを申し込むかを検討しましょう。検討にあたっては、年会費や手数料、クレジットカード保有者に提供される付帯サービスなどを比較し、自身の目的に沿ったカードを選択しましょう。

申し込むカードを決めたら、各クレジット会社の手続きに沿って申込書類を提出します。クレジット会社がカードを発行するか否かを判断するのに必要な情報となりますので、十分に確認をしたうえで正しく記載するようにしましょう。また、クレジットカード利用料を引き落とす金融機関の口座が必要となりますので、あらかじめ準備が必要です。

申し込みを行うと、各クレジット会社の審査が行われます。Q32でお伝えしたとおり、過去に延滞の履歴があるなど信用状況が悪い場合には、カードが発行されないケースもあります。そういった問題がなく審査を通過すれば、カードが発行され、手元に届いた時点から利用することができます。

■ クレジットカードを利用する

クレジットカードの利用をスタートするにあたっては、まずカードの裏面を確認しましょう。裏面に署名欄がある場合は、自身の氏名をサインしていなければ利用することはできません。

また、クレジットカードを利用した際に、伝票にサインを求められるこ

とがあります。利用料金に誤りがない旨を確認したうえで、カード裏面の署名欄と同じサインをしなければなりません。また伝票にサインをする代わりに、事前に利用者が登録した暗証番号の入力を求められるケースもあります。

　また、クレジットカードを利用できるのは、当然ながら審査に通った「本人」のみです。たとえ家族であっても、貸し借りを行うことはクレジット会社の会員規約で禁止されています。違反した場合には、カード会員資格を取り消され利用できなくなるケースもありますので、注意しましょう。

　その他、クレジットカードを利用するにあたっての注意点はQ32も併せて確認しましょう。

あとがき

　本書のタイトルに「FOR FINANCIAL WELL-BEING」という言葉を添えています。最近、日本においても「ウェルビーイング（肉体的にも精神的にも、そして社会的にも、すべてが満たされた状態）」という言葉を耳にする機会が増えてきましたが、その構成要素の1つとして「ファイナンシャル ウェルビーイング」という考え方も徐々に注目され出しています。

　その背景には「価値観やライフスタイルの変化」があると考えています。「昭和―平成－令和」という時間軸で捉えると、昭和のライフスタイル（夫婦と子ども2人、世帯主の夫と専業主婦が標準家庭）から平成を経て令和となった現在では、ご夫婦で働くことが当たり前となるとともに、ずっとシングルの方、同性パートナーと過ごす方など、多様なライフスタイルが一般的となりました。

　このような変化と同時に進行している「人生100年時代」も大きな影響があると思えます。セカンドライフの期間が大きく延びている一方で（家庭内での）世代間の補完関係は希薄化しており、さらに（昭和の）標準家庭といったようなモデルパターンがなくなっていることから、お一人お一人がご自身の価値観やライフスタイルに応じて「将来のライフイベントを適切に把握し、賢い意思決定により、お金に関する不安を解消させ、未来に向けて自律的に行動できる状態」（ファイナンシャル ウェルビーイング）であることの重要性が高まっているという側面があると考えています。

　2022年6月に「OECD/INFE（International Network on Financial Education：金融教育に関する国際ネットワーク）」が「職域における金融教育の実施手引」を公表しましたが、金融広報中央委員会が公表しているその要旨には「職域（Workplace）における金融教育の重要性は、ますます高まってい

る。それは、従業員の多くが、足もとや長期の予期せぬ収入減への対応力
（financial resilience）と経済的な幸福度（financial well-being）に影響する
問題に直面しているからである」とあります。日本でもコロナのワクチン
接種で職域や学校が大きな役割を果たしたことを考えると、金融経済教育
の実践の"場"として職域の重要性が高まっているという話には納得感があ
ります。

　学校では、2022年の学習指導要領の改訂で金融商品・サービスの内容
や特徴（メリット、デメリット）にも触れるようになったことは日本国民の
金融リテラシー向上という社会課題にとって大きな前進であるといえます
が、その一方で、個別の金融商品・サービスの特徴を説明していく前に
「金融経済教育がなぜ大切であるか」ということに納得感がないと、教え
る側の先生にとっても教わる側の生徒とっても「消化不良の分野」になっ
てしまうのではないかという思いがありました。
　学習指導要領の改訂を受けて、弊社に対しても出張授業のサポート依頼
がたくさん入ってくるようになりましたが、その背景には、先生が納得感
を持って活用できるガイドブックのような書籍が見当たらないということ
があるようにも感じました。「ないならば自分たちで作ろう。金融経済教
育に携わる方々のお役に立てるはず」と考えたことが本書執筆に至った1
つ目の理由です。

　「職域を取り巻く環境の変化」では、公的年金の支給開始が60歳から
65歳へと段階的に引き上げられ、定年延長への対応も「待ったなし」とい
う状況があります。定年延長には、健保財政悪化という副作用に繋がる
という側面がありますし、最近では40 〜 50歳代でのキャリアップを伴
う転職の増加が目立つなど、働く期間が長くなったゆえの優秀な人材確保
も喫緊の課題となってきており、生き生きと長く働いてもらえる環境整備
が大きな経営課題になっているといえます。このような中、金融機関に対
しては「職域を通じて従業員の金融リテラシー向上と資産形成行動を支援

すること」がより強く期待されていると考えたことが本書執筆のもう1つの理由です。

　金融経済教育の重要性を別の視点で捉えてみますと、よくビジネスの3大要素は「ヒト、モノ、お金」という言い方がされますが、お一人お一人が「人生の経営者」として、ビジネスと同様に「ヒト、モノ、お金」という3つの要素で、生涯を通じて発生する「金融資産と支出のギャップ」に対応していくということがあります。

　具体的には、収入や金融資産をベースに、日常生活の消費、住宅ローンを活用した住宅取得という（モノへの）投資、奨学金や教育ローンを活用した"学び"という（ヒトへの）投資、iDeCoやNISAを活用したセカンドライフへの"備え"という（お金の）投資というように、金融商品・サービスを活用することで対応していくということです。

　そう考えますと、金融経済教育には、長い生涯を見据えて「ヒト、モノ、お金」への投資全体をマネージしていく「人生の経営者」としての自分という意識（経営者マインド）を醸成する側面もあるように思えます。

　本書は、企業年金、職域、預り資産ビジネスで三井住友信託銀行が培ってきたノウハウを抽出して集大成したものですが、学校や職域で金融経済教育に関わる方々に少しでもお役に立つとともに、金融経済教育を通じて一人一人が「人生の経営者」であるというマインドを涵養していくことで、スタートアップ人材の育成という社会課題の解決にも少しでも貢献できればと願いつつ、本書の"あとがき"とさせていただきます。

　2023年3月

三井住友信託銀行株式会社
執行役員　井戸　照喜

謝　辞

　本書は、多くの方々にご支援をいただき刊行することができました。

　お手にとっていただき、お読みいただいたみなさまに、心より感謝申し上げます。金融教育についてご関心をお持ちの方々にとって、本書が、金融リテラシーや金融の役割、消費者教育などについての理解や準備を少しでも進めていただくきっかけとなりましたら、誠に幸いです。

　また、本書の企画・刊行にあたりましては、三井住友信託銀行において、取引先企業の従業員への資産形成サービスを提供しているライフアドバイザリー部、個人のお客様に対する相談・コンサルティングの推進に取り組んでいる個人企画部、「人生100年時代」のコンサルティングと事業横断的なソリューションを提供している人生100年応援部、サステナビリティ課題への取組みを推進するサステナビリティ推進部、その他、多くの関係者の方々のご協力をいただきました。ここに改めて御礼を申し上げます。

　なお、本書の刊行に際し、編集業務にあたっていただいた、株式会社きんざいの松本直樹出版センター部長、一般社団法人金融財政事情研究会OB（元理事・事務局長）の河野晃史さんには大変お世話になりました。

　この場をお借りしまして御礼申し上げます。

2023年3月

三井住友トラスト・資産のミライ研究所

所長　丸岡　知夫

編著者プロフィール （※所属等は2023年3月1日時点）

井戸 照喜（いど てるき）

1989年　三井住友信託銀行入社。年金信託部で企業年金の制度設計・年金ALM等に従事。その後、運用商品の開発・選定、年金運用コンサルティング等に従事。

2008年　ラップ口座の運用責任者。2013年からは投信・保険・ラップ口座等の「預り資産ビジネス」全体を統括する投資運用コンサルティング部長を務める。

2018年　（銀行ビジネスと保険ビジネスを信託銀行らしく融合させる）トラストバンカシュアランス推進担当役員。

2019年　三井住友トラスト・ライフパートナーズ株式会社　取締役社長。

2022年　執行役員　資産形成層（職域）横断領域　副統轄役員。

2002〜2006年　早稲田大学大学院商学研究科　講師（非常勤）。
2008〜2018年　慶応義塾大学理工学部　講師（非常勤）。
2022年　老後資産形成に関する継続研究会　研究会委員（公益財団法人年金シニアプラン総合研究機構）。
日本証券アナリスト協会検定会員、年金数理人、日本アクチュアリー会正会員。

【主な著作・レポートなど】

1999年　「厚生年金基金　財政運営基準の解説」（日本年金数理人会）を執筆（共著）。

2003年　「年金数理概論」（朝倉書店）を執筆（共著）。

2018年　「KINZAIバリュー叢書　銀行ならではの"預り資産ビジネス戦略"──現場を動かす理論と実践」（金融財政事情研究会）を執筆。

2020年　『安心ミライへの「資産形成」ガイドブックQ&A』（金融財政事情研究会）を執筆（共著）。

1994年　「年金債務と資産配分について」（日本アクチュアリー会年次大会、1995年度日本アクチュアリー会優秀論文を受賞）。

2000年　「年金制度改正等に対応する年金ALMについて」（日本証券アナリスト協会、証券アナリストジャーナル）。

2021年　「ライフプラン等を踏まえた目標資産額と投資割合の設定・フォローアップについて 一年金ALM手法を活用した資産形成のフレームワーク構築に向けて一」（日本証券アナリスト協会、証券アナリストジャーナル）。

2022年　「ファイナンシャル ウェルビーイング（FINANCIAL WELL-BEING）とは？」（ミライ研コラム　第67〜69回）。

三井住友トラスト・資産のミライ研究所

　三井住友トラスト・資産のミライ研究所は、人生100年時代において、一人ひとりが将来を安心して過ごすための資産形成・資産活用のあり方を中立的な立場で調査・研究し発信することを目的として、2019年 三井住友信託銀行に設置された組織です。

　人生100年時代において「人生のマルチステージ化」が進展していく中、個人のライフステージにおける「良い状態（ウェルビーイング Well-being）」も多様になってくるとの認識のもと、「お金まわり・家計における良い状態（ファイナンシャル ウェルビーイング Financial Well-being）」を「将来のライフイベントを適切に把握し、賢い意思決定によりお金に関する

不安を解消させ、未来に向けて自律的に行動できる状態」と定義し、多くの方々のファイナンシャル ウェルビーイングの実現をサポートするべく、当研究所は、以下の3つを柱として活動しています。

- 金融業界におけるユニークな（独自性のある）調査・研究組織としての活動
  資産形成や資産活用に関する不安や悩みについて、アンケート調査などを通じて調査・研究・考察・提言をします。
- 人生100年時代の金融リテラシーを提供する金融教育組織としての活動
  「人生100年時代」に向き合っていく上で役に立つ、お金や資産とのつきあい方について、個々人の多様なライフスタイルをふまえた取り組み方を考察し、教育現場のみなさんや、企業・団体の職員、個人の方々へ、セミナーや研修などを通じて、わかりやすく伝えていきます。
- ファイナンシャル ウェルビーイング普及の一翼を担う情報発信組織としての活動
  「お金まわり・家計における良い状態（ファイナンシャル ウェルビーイング Financial Well-being）」という考え方の普及・浸透に資する情報発信と啓発活動を幅広く推進します。

所長　丸岡　知夫（まるおか　ともお）

1990年　三井住友信託銀行入社。
1997年　年金信託部業務推進室で国内の年金受託業務を推進。
2002年　東京法人信託営業部。
2005年　本店法人信託営業部。
2009年　確定拠出年金業務部にてDC投資教育、継続教育のコンテンツ作成、顧客提供、セミナー運営に従事。
2014年　社内横断プロジェクト「福利厚生ソリューションビジネスプロジェクトチーム」に専任者として従事。
2016年　ライフアドバイザリー部（取引先法人の従業員向け福利厚生制度を提供する部署）次長。
2019年　三井住友トラスト・資産のミライ研究所　所長に就任（現職）。

【主な著作・レポートなど】
2020年　三井住友トラスト・資産のミライ研究所「住まいと資産形成に関する意識と実態調査」レポートを執筆。
2020年　『KINZAI Financial Plan』7月号から「住まいと資産形成」シリーズ（全6回）を執筆。
2020年　『安心ミライへの「資産形成」ガイドブックQ&A』（金融財政事情研究会）を執筆（共著）。
2022年　「世代間扶助を家計・金融面で支える信託機能」（KINZAI Financial Plan）
2023年　『「最高の終活」実践ガイドブックQ&A』（金融財政事情研究会）を執筆（共著）。

主任研究員　青木　美香（あおき　みか）

三井住友信託銀行入社。調査部主任調査役（現職）。
主に家計の金融行動・消費行動、社会現象からみた経済分析などを担当。
2008年〜2009年　法政大学大学院　政策経済研究所　客員研究員。
2019年　兼　三井住友トラスト・資産のミライ研究所　主任研究員（現職）。

【主な著作・レポートなど】
著書に「日本経済知っておきたい70の勘どころ」（共著、NHK出版）、「女性が変える日本経済」（共

著、日本経済新聞出版社）、「安心ミライへの「資産形成」ガイドブックQ&A」（共著、金融財政事情研究会）　他。
主なレポートテーマは、団塊世代の家計収支と貯蓄、女性の金融資産保有力、「貯蓄から投資へ」の進捗、税制改正が相続市場に与える影響、マイナス金利下の家計行動と個人マネー、資産形成層の実態、人生100年時代の金融問題、認知症発症による資産凍結問題、相続に伴う家計資産の地域間移動　など。

主任研究員　堀米　貴之（ほりごめ　たかゆき）
1995年　三井住友信託銀行入社。当初はリテール事業で、その後は年金事業にて企業年金営業に従事。
2010年　東京法人信託営業第一部（現・年金営業第一部）課長。
2012年　取引先法人の退職給付制度・年金制度の新設・変更・相談を担う年金コンサルティング部にて、大型企業の退職給付制度コンサルティングなどに従事。
2016年　年金コンサルティング部次長。
2018年　確定拠出年金業務部次長。
2019年　兼　三井住友トラスト・資産のミライ研究所　主任研究員（現職）。
2021年　確定拠出年金業務部部長。

【主な著作】
2020年　『安心ミライへの「資産形成」ガイドブックQ&A』（金融財政事情研究会）を執筆（共著）。

主任研究員　田村　直史（たむら　ただし）
2003年　三井住友信託銀行入社。阪急梅田支店。
2007年　業務部　信託研修生。
2007年　業務部。
2011年　経営企画部。
2013年　プライベートバンキング部。
2017年　個人企画部。
2019年　兼　三井住友トラスト・資産のミライ研究所。
2022年　人生100年応援部　次長兼企画チーム長（現職）。
現職では、営業企画、商品開発、ブランディングを担当。

【主な著作(いずれも共著)・レポートなど】
2008年　『Q＆A信託業務ハンドブック』
2016年　畠山久志・田中állmán明『地域金融機関の信託・相続関連業務の手引き』
2016年　「民事信託の利便性向上に向けた信託銀行のインフラ活用について」（信託フォーラム）
2017年　「民事信託・家族信託の基本および留意事項」（銀行法務21）
2017年　「信託口口座の開設及び運営の実務」（信託フォーラム）
2017年　「民事信託・家族信託の基本および留意事項」（銀行法務21）
2017年　JPBM医療研究部会編『地域医療連携推進法人の実務』（中央経済社）
2017年　共著『信託活用コンサルティングコースTEXT2』（経済法令）
2018年　「地域金融機関と信託業務」（信託フォーラム）
2018年　浅岡輝彦編『家族信託を用いた財産の管理承継』（清文社）
2018年　稲垣隆一編『電力事業における信託活用と法務』（民事法研究会）

2018年　共著『事業承継のための信託スキーム活用術』（清文社）
2019年　「財産管理信託の新展開とフィデューシャリー・デューティー ―人生100年時代の認知症への備え」（信託フォーラム）
2020年　田中和明・田村直史『改訂　信託の理論と実務入門』（日本加除出版）
2020年　「ポストコロナ時代」における信託銀行の受託者責任及びフィデューシャリー・デューティー ―コロナ禍の信託業務の社会的価値に関する一考察―」（信託フォーラム）
2020年　『安心ミライへの「資産形成」ガイドブックQ&A』（金融財政事情研究会）
2021年　「コロナ禍の社会の変容を踏まえた信託の活用 ―「公益」「資産運用」「終活」と信託―」（信託フォーラム）
2022年　「多角的なサービスを展開!金融包摂・高齢者との取引の最新動向」（KINZAI Financial Plan）
2022年　『「最高の終活」実践ガイドブックQ&A』（金融財政事情研究会）　など

主任研究員　杉浦 章友（すぎうら あきとも）

2010年　三井住友信託銀行入社。年金信託部にて企業年金の制度設計・数理計算のほか、システム開発に従事。
2018年　兼　年金コンサルティング部。複数の確定給付企業年金の年金数理人を担当。
2020年　厚生労働省へ出向。年金局総務課長補佐、年金局総務課年金広報企画室総合調整専門官（併任）。年金税制、年金広報、Pensions at a Glanceに関する業務を担当。
2021年　厚生労働省政策統括官付参事官付統計・情報総務室　EBPMの推進に係る若手・中堅プロジェクトチーム（併任）。Rを使った統計レポートの作成等に従事。
2022年　出向解除。年金業務推進部（現職）兼三井住友トラスト・資産のミライ研究所主任研究員（現職）。年金に関する調査・研究・情報発信活動を行っている。
年金数理人、日本アクチュアリー会正会員、1級DCプランナー（企業年金総合プランナー）。

【主な著作など】

2018年　日本年金数理人会『年金数理自主研究会（平成29年度）研究レポート』において「リスク分担型企業年金の活用」を執筆（共著）。
2019年　日本アクチュアリー会年次大会で「企業年金におけるERM（統合的リスク管理）フレームワークの活用」を口頭発表（共同研究）。
2021年　『図表でみる世界の年金OECD/G20インディケータ（2019年版）』（明石書店）：岡部史哉（監修）らと「Pensions at a Glance 2019: OECD and G20 Indicators」（OECD編著、2019）を共訳した翻訳書。
2022年　『週刊社会保障』（法研）2022年6月6日号において「EBPMの実践を通じた統計利活用の促進：生活困窮者自立支援制度を例に」を執筆。
2023年　『三井住友トラストペンションジャーナル No.12』において「公的年金制度の法改正の展望」を執筆。

研究員　唐木田 みわ（からきだ みわ）

2011年　三井住友信託銀行入社、主に個人顧客の資産運用・資産承継にかかわるコンサルティングに従事。
2015年　三井住友トラスト・アセットマネジメントに出向、地域金融機関向け公募投信のセールス、地域金融機関の支店長・販売担当者向け研修・セミナーを担当。
2017年　ライフアドバイザリー部（取引先法人の従業員向け福利厚生制度を提供する部署）にて事

2019年　三井住友トラスト・資産のミライ研究所　研究員として、取引先法人の従業員を対象とした資産形成分野に関する各種の施策立案・企画運営に加え、当研究所WEB媒体の企画運営・コンテンツの作成、セミナー講師を通じた情報発信及び対外的な提携業務等全般を担当。

2022年　シンガポール支店のFiduciary Business Departmentにてアジアの投資家向けファンドプロモーションに従事しながら、三井住友トラスト・資産のミライ研究所　研究員を継続。

【主な著作】
2020年　『安心ミライへの「資産形成」ガイドブックQ&A』（金融財政事情研究会）を執筆（共著）。

研究員　清永　遼太郎（きよなが　りょうたろう）
2012年　三井住友信託銀行入社。千葉支店勤務。
2015年　確定拠出年金業務部で企業のDC制度導入サポートや投資教育の企画業務等を担当。
2019年　大阪本店年金営業第二部で、企業年金の資産運用・制度運営サポートに従事。
2021年　三井住友トラスト・資産のミライ研究所　研究員（現職）。資産形成・資産活用に関する調査研究並びに情報発信、また企業の従業員等に対する金融リテラシーセミナー講師も務める。
2022年　老後資産形成に関する継続研究会研究会委員（公益財団法人年金シニアプラン総合研究機構）。

【主な著作】
2023年　『「最高の終活」実践ガイドブックQ&A』（金融財政事情研究会）を執筆（共著）。

研究員　矢野　礼菜（やの　あやな）
2014年　三井住友信託銀行入社。堺支店、八王子支店にて個人顧客の資産運用・資産承継に係るコンサルティング及び個人顧客向けの賃貸用不動産建築、購入に係る資金の融資業務に従事。
2021年　三井住友トラスト・資産のミライ研究所　研究員（現職）。幅広い世代に対して、資産形成・資産活用に関する調査研究並びにホームページ・雑誌・書籍等を通じた情報発信を行っている。またYouTube・ARへの登壇、全国の高等学校等における学生向け金融リテラシー授業の講師も務める。

【主な著作】
2023年　『「最高の終活」実践ガイドブックQ&A』（金融財政事情研究会）を執筆（共著）。

研究員　桝本　希（ますもと　のぞみ）
2015年　三井住友信託銀行入社。奈良西大寺支店にて個人顧客の資産運用・資産承継に係るコンサルティング業務に従事。
2019年　IT業務推進部にてマーケット事業で利用するシステムの開発・保守業務を担当。
2022年　三井住友トラスト・資産のミライ研究所　研究員（現職）。幅広い世代に対して資産形成、資産活用に関する調査研究並びにホームページやYouTubeを通して情報発信を行っている。

索　引

安心ミライへの「金融教育」ガイドブックQ&A
——「生きる力」を育む「金融リテラシー」の基本

2023年4月28日　第1刷発行
2024年5月9日　第2刷発行

編著者　三井住友トラスト・
　　　　資産のミライ研究所
発行者　加　藤　一　浩

〒160-8519 東京都新宿区南元町19
発行所　一般社団法人 金融財政事情研究会
　　　　TEL 03（3355）2251　FAX 03（3357）7416
　　　　URL　https://www.kinzai.jp/

印刷：シナノ印刷株式会社

・本書の内容の一部あるいは全部を無断で複写・複製・転訳載すること、および
　磁気または光記録媒体、コンピュータネットワーク上等へ入力することは、法
　律で認められた場合を除き、著作者および出版社の権利の侵害となります。
・落丁・乱丁本はお取替えいたします。定価はカバーに表示してあります。

ISBN978-4-322-14346-1